성공의 비밀을 밝히는
마스터키 시스템

성공의 비밀을 밝히는
마스터키 시스템

초판 1쇄 인쇄 | 2022년 8월 16일
초판 1쇄 발행 | 2022년 8월 20일

지은이 | 찰스 F. 해널
옮긴이 | 박지경
펴낸이 | 최근봉
펴낸곳 | 도서출판 넥스웍
등록번호 | 제2014-000069호
주소 | 경기도 고양시 일산동구 장백로 20 102동 905호
전화 | 031) 972-9207
팩스 | 031) 972-9208
이메일 | cntpchoi@naver.com

ISBN   979-11-88389-35-3 (03320)

MASTER KEY SYSTEM | CHARLES F. HAANEL

성공의 비밀을 밝히는

마스터키 시스템

찰스 F. 해널 지음
박지경 역

N넥스웍

1919년, 가장 저명한 자기 계발서라 할 수 있는 "생각하라 그러면 부자가 되리라Think & Grow Rich"를 저술하게 될 나폴레온 힐은, 찰스 F. 해닐에게 편지를 써서 "마스터키 시스템"이 그에게 미친 영향에 관해 이야기했다.

힐은 편지에서 "저는 마땅히 선생님의 공로를 인정해야 한다고 믿습니다. 그러므로 저의 현재 이룬 성공과 나폴레온 힐 연구소Napoleon Hill Institute 소장으로서의 업적에 따른 성공은 대부분 '마스터키 시스템'에 명시된 원칙들 덕분이라는 걸 선생님께 말씀드리고 싶었습니다."라고 썼다.

편지의 전문은 다음과 같다.

1919년 4월 21일
찰스 F. 해닐 귀하
미주리주, 세인트루이스

친애하는 해닐 선생님께,

제 비서가 보내드린 "황금률Golden Rule" 1월호 사설을 통해, 선생님께서는 아마도 제가 22년 전 하루 1달러의 일당을 받는 석탄 광부로 일을 시작한 것을 아시리라 생각합니다.

저는 최근, 풀타임이 아닌 일정 시간만 일하는 조건으로, 1,000만 달러 규모의 회사와 연봉 10만 5,200달러에 계약을 맺었습니다. 힐 연구소의 "황금률" 편집장 일을 계속할 수 있다는 조건에서 말입니다.

저는 마땅히 선생님의 공로를 인정해야 한다고 믿습니다. 그러므로 제가 현재 이룬 성공과 나폴레온 힐 연구소 소장으로서의 업적에 따른 성공은 대부분 "마스터키 시스템"에 명시된 원칙들 덕분이라는 걸 선생님께 말씀드리고 싶었습니다.

선생님께서는 사람이 상상할 수 있는 것이라면 성취 불가능한 것은 없다는 것을 깨닫게 해줌으로써 사람들에게 많은 도움을 주고 있으며, 확실히 제 경험이 이를 증명하고 있습니다.

선생님의 메시지를 필요로 하는 많은 이들에게 이 가르침이 전해지도록 하기 위해 선생님과 협력하고자 합니다.

예의와 진심을 담아

나폴레온 힐 드림
"황금률" 편집장
일리노이주 시카고

힐이 훗날 그의 저서 중 하나의 제목을 "부의 문을 여는 마스터키^{The Master-Key to Riches}"라고 지었다는 사실은 해넬이 나폴레온 힐에 직접적인 영향을 미쳤다는 사실을 뒷받침한다.

자연은 우리 모두에게 삶을 헤쳐나가도록 강요한다. 아무리 원한다 해도 가만히 머물러 있을 수 없다. 올바른 사고방식을 지닌 사람이라면 누구나 육체적 삶이 끝날 때까지 정신적인 성장을 계속하기를 원한다. 이러한 성장은 사고의 질적 향상과 그 결과로 생기는 이상, 행동, 여건을 통해서만 일어날 수 있다. 그러므로 창조적 사고의 과정과 그것을 어떻게 적용하는가에 관한 연구는 우리 각자에게 가장 중요하다. 이 지식으로 인해 세상 속에서 인간 삶의 소용돌이가 진척되고 고양될 수 있는 것이다.

인류는 "진리The Truth"를 열렬히 찾고 이를 찾기 위한 모든 방법을 탐구한다. 이 과정에서, 사소함에서 숭고함까지 사상 전반을 아우르는 특별한 문학을 만들어 내었는데, 점술에서부터 모든 철학, 그리고 마지막으로 "마스터키The Master Key"라고 하는 숭고한 진리가 그것이다.

"마스터키"는 위대한 우주적 지능을 이용하고, 이 지능으로부터 각 독자의 야망과 열망에 부응하는 것을 끌어내기 위한 수단으로 세상에 주어졌다. 인간에 의해 만들어진, 우리 주변의 모든 사물과 제도들은, 일단 처음에는 인간의 정신 속에 하나의 생각으로 존재해야 한다. 그러므로 생각은 건설적이다.

인간의 생각은 우주의 피조물인 사람에 의해 작동되는 영적인 능력이다.

"마스터키"는 독자에게 그 능력을 어떻게 사용할지, 어떻게 건설적이고 동시에 창조적으로 사용할지를 알려준다. 우리가 실현하고자 하는 것들과 여건들은 먼저 우리의 생각 속에서 만들어 내야 한다. "마스터키"는 그 과정에 관해 설명하고 안내해준다.

"마스터키" 교실은 지금까지 24개의 레슨으로 이루어진 통신 강의 코스의 형태로 발행되어, 매주 1회, 24주간 여러분들에게 전달됐다. 한꺼번에 24장을 전부 접하게 된 독자는, 책을 소설처럼 읽으려 하지 말고, 학습 과정처럼 취급해서, 매주 한 부분씩 읽고 또 읽는 방법을 통해, 각 부분의 의미를 충분히 흡수한 뒤에 다음 파트로 넘어가길 바란다. 그렇지 않으면, 후반부의 내용을 오해하기 쉽고, 독자들은 돈과 시간을 낭비하는 꼴이 될 것이다. 이렇게 지시된 대로 "마스터키"를 사용하면, 독자는 더 위대하고 나은 인격을 갖추게 될 것이며, 어떤 가치 있는 목적도 달성할 새로운 능력을 지니고 삶의 아름다움과 경이로움을 즐길 수 있게 될 것이다.

F. H. 버제스

어떤 사람들은 일부러 노력하지 않아도 성공, 능력, 부와 성취를 끌어당기는 것 같다. 또 어떤 이들은 큰 어려움을 겪으면서 정복해 나간다. 반면 또 다른 이들은 그들의 야망과 욕망, 이상에 도달하는 데 완전히 실패한다. 왜 그런 걸까? 왜 어떤 이들은 쉽게 자신의 야망을 실현하는데, 다른 사람들은 어려움을 겪으면서 이루어내며, 또 다른 이들은 전혀 실현하지 못하는 걸까?

신체적인 점이 원인일 리 없다. 그렇지 않다면 신체적으로 가장 완벽한 사람이 가장 성공적일 것이다. 그러므로 차이는 정신적임이 틀림없다. 마음속에 있는 것이다. 따라서 정신이야말로 창조적인 능력이며, 사람들 간의 유일한 차이점임에 틀림이 없다. 그러므로 환경과 삶에 있어 모든 여타의 장애물을 극복하게 하는 것은 사람의 정신이다.

생각의 창조적인 능력을 완전히 이해했을 때, 그 효과는 놀라울 것이다. 하지만 그런 결과를 얻기 위해서는 적절한 적용과 근면함, 집중이 요구된다. 따라서 정신적, 영적 세계를 지배하는 법칙이 물질적 세계에서만큼이나 고정적이고 확고하다는 것을 알게 될 것이다.

원하는 결과를 얻기 위해서는 이 법칙을 알고 따라야 한다. 법칙에 적절히 순응하면 언제나 정확히 원하는 결과를 얻을 수 있다는 것을 알게 될 것이다. 능력은 내면에서 나오고, 자신이 약한 이유는 오직 외부의 도움에 의지했기 때문이라는 것을 깨닫고, 주저 없이 자기 생각에 따라 몸을 던지는 사람은, 즉시 일어나서 똑바로 서고, 당당한 태도를 보이며, 기적 같은 일을 이루게 된다.

따라서 이 궁극의 위대한 과학에서 이루어지고 있는 놀라운 진보를 충분히 연구하고 이용하지 못하는 사람은, 전기 법칙에 대한 이해를 통해 인류가 축적한 혜택을 인정하고 받아들이기 거부하는 사람처럼, 머지않아 뒤처지게 될 것이다. 물론, 정신은 긍정적 조건만큼이나 부정적 조건도 쉽게 만들어 낸다.

의식적으로 혹은 무의식적으로 모든 종류의 결핍, 한계와 불화를 눈앞에 그릴 때, 우리는 이런 여건들을 만들어 낸다. 많은 사람이 항상 무의식적으로 이런 일을 하는 것이다.

다른 법칙과 마찬가지로 이 법칙 역시 모든 이에게 적용되며, 끊임없이 작동하고 있고, 쉬지 않고 각 개인에게 정확히 자신이 만든 것을 가져다주고 있다. 다시 말해, "사람이 뿌린 것이 무엇이든 그는 또한 거둘 것이다."

풍요는 풍요의 법칙을 인식하고, 마음이 창조자일 뿐 아니라 존재하는 모든 것의 유일한 창조자라는 사실을 인식할 때 주어진다. 창조할 수 있다는 사실을 알고 적절한 노력을 기울이기 전에는 아무것도 만들 수 없다.

50년 전보다 지금 세상에 전기가 더 많이 있는 것은 아니지만, 누군가가 전기를 공급할 수 있는 법을 인식할 때까지 우리는 그 혜택을 누리지 못했다. 그 법칙을 이해하게 되면서, 거의 전 세계가 전기에 의해

광명을 누리고 있다.

풍요의 법칙도 마찬가지이다. 그 법칙을 인식하고 그 법칙과 조화를 이루는 삶을 사는 자들만이 혜택을 누릴 수 있다. 과학 정신이 이제 모든 필드를 지배하고 있고, 인과 관계는 더는 무시할 수 없는 것이 되었다.

법칙의 발견은 인류의 진보에서 두드러진 신기원을 이루었다. 그로 인해 인간의 삶에 있어서 불확실성과 변덕스러움이 제거되었고, 법과 이성, 확신이 그 자리를 대체하게 되었다. 사람들은 이제 모든 결과에는 충분하고 확실한 원인이 있다는 것을 알게 되었고, 따라서 어떤 결과를 얻고 싶으면 반드시 그 결과를 얻을 수 있는 조건을 찾게 되었다.

모든 법칙이 성립하는 근거는 귀납적 추리 때문에 발견되었는데, 귀납적 추리는 여러 개별 사례들을 서로 비교하여 그들 모두의 원인이 되는 공통 요인을 발견해 내는 것이다. 문명화된 국가들의 번영과 가치 있는 지식이 이 연구법으로 인해 이루어졌는데, 이로 인해 수명이 연장되고, 고통을 덜어 주었으며, 강에 다리를 놓고, 밤을 낮처럼 밝게 비추게 되었으며, 시야의 범위를 넓히고, 움직임을 가속화하고, 거리를 단축하고, 사람들 간의 교제를 쉽게 하고, 사람들이 바닷속으로 내려가거나 공중으로 올라갈 수 있게 되었다.

그렇다면 사람들이 이 연구 시스템의 혜택을 그들의 사고방식에까지 확대하려고 노력하는 것은 놀랄 일도 아니다. 그로 인해, 어떤 결과가 특정 사고방식에 의한 것이라는 것이 명백해졌을 때, 그 결과들을 분류하는 일만 남게 된다.

이는 과학적인 방법으로, 우리가 양도할 수 없는 권리로 간주해 온 자유와 해방을 유지할 수 있는 유일한 방법이다. 왜냐하면 사람들은 건강의 증진, 모든 종류의 공기업과 사기업에서의 부의 축적, 과학의 지속적인 진보, 이 모든 것들과 다른 방면에서의 국가 발전을 개인과 전체의 삶의 향상에 중심을 두는 것에 국가가 더 큰 노력을 기울이는 일 등, 이 모든 것에 국가가 준비된 모습을 보일 때 가정과 세계에서 안정감을 느끼기 때문이다. 이 개인과 전체의 삶의 향상은 과학과 예술, 윤리적 지침과 통제에 영향을 받게 된다.

마스터키는 절대적인 과학적 사실에 기초하고 있으며, 개인에게 잠재된 가능성을 열어주고, 어떻게 하면 이 잠재력을 힘 있는 행동으로 끌어내며, 개인의 효율성을 높이고, 에너지, 분별력, 활력과 정신적인 탄력성을 더해줄 수 있는지를 가르쳐주게 될 것이다. 다시 전개된 정신 법칙을 이해하는 사람은, 지금까지 상상하지 못했던 결과를 확보할 수 있는 능력을 갖추게 될 것이고, 말로 표현할 수 없는 보상을 얻게 될 것이다.

마스터키는 정신적 본성의 수용적 요소와 능동적 요소 모두를 올바르게 사용하는 방법을 설명하고, 여러분에게 기회를 인식하도록 가르친다. 마스터키는 의지와 추리력을 강화하고, 상상력, 욕망, 감정 및 직관적 능력을 배양하고 잘 사용하도록 가르친다. 또한 진취성, 끈질긴 목표 의식, 선택의 지혜, 지적인 공감, 그리고 고차원적인 의미에서 삶의 완전한 향유를 가능케 한다. 마스터키는 여타 대체되거나 왜곡되는 것이 아닌, 진정한 정신적 능력에 대해서 가르친다. 이는 최면술,

마술 또는 많은 사람이 공짜로 무언가를 가질 수 있다고 생각하도록 만드는 매혹적인 속임수와는 상관이 없는 것이다.

마스터키는 몸과 건강을 제어할 수 있는 이해력을 함양하고 발전시킨다. 기억력을 향상시키고 강화한다. 또한 통찰력을 계발하는데, 매우 드문, 모든 성공한 비즈니스맨들을 구분 짓는 특징인 통찰력, 즉 모든 상황에서 가능성뿐 아니라 어려움을 볼 수 있는 통찰력, 가까이 있는 기회를 식별할 수 있도록 하는 그런 종류의 통찰력을 계발하도록 한다. 많은 이들이 어떠한 실질적인 이익도 실현할 수 없는 상황에서도 근면하게 일하면서도, 거의 손에 닿을 듯한 곳에 있는 기회를 보지 못한다는 사실을 보면, 이러한 통찰력이 중요함을 알 수 있다.

마스터키는 정신력을 발달시키는데, 이는 다른 이들이 당신을 볼 때 본능적으로 강하고 개성 있는 사람으로 인식해서, 당신이 원하는 대로 하려고 하게 된다는 것을 의미한다. 사람과 사물을 끌어당기는 능력을 갖추게 됨을 의미한다. 사람들이 흔히 "운이 좋다"고 말하는 사람이 되고, "사물"이 당신이 원하는 대로 되어서, 근원적인 자연법칙을 이해하게 되고, 자연과 조화를 이루게 된다는 것이다. 조물주와 조화를 이루고, 끌어당김의 법칙과 성장의 자연법칙을 이해하며, 사회와 비즈니스 세계에서의 모든 이점을 결정하는 심리 법칙을 이해하게 된다.

정신력은 창조적인 능력이며, 스스로 창조할 수 있는 능력을 준다. 정신력은 다른 사람에게서 무언가를 빼앗는 능력을 의미하지 않는다.

자연은 그런 식으로 일하지 않는다. 자연은 풀잎이 한 개 났던 곳에 두 장이 자라도록 한다. 정신력 또한 사람이 같은 방식으로 일하게 한다.

마스터키는 통찰력과 지혜, 독립성, 남들에게 도움을 주고자 하는 능력과 태도를 길러주며, 불신과 우울, 두려움, 우울증, 고통과 질병을 포함한 모든 형태의 제약과 나약함을 파괴한다. 그리고 숨겨진 재능을 깨우고, 진취성과 능력, 에너지, 활력을 공급하며, 예술, 문학, 과학 분야에서의 아름다움을 누리도록 일깨운다.

마스터키는 불확실하고 흐릿한 방법들을 대신해서, 모든 효율적인 시스템의 기초가 될 수 있는 명확한 원칙들을 제시함으로써 수천 명의 삶을 바꾸어 놓았다.

미국 철강 공사 회장 앨버트 개리Elbert Gary는 다음과 같이 말했다.

"어드바이저, 강사, 성공적인 회사의 효율 관리 전문가들은 대규모 회사에 없어서는 안 될 존재들이다. 하지만 나는 올바른 원칙을 인지하고 적용하는 것이 훨씬 더 중요하다고 생각한다."

마스터키는 올바른 원칙을 가르치고, 그 원칙을 실제로 적용할 수 있는 방법을 제안한다. 이런 점에서, 마스터키는 다른 학습 과정과는 다르다. 마스터키는 어떤 원칙의 유일한 가치는 그것의 적용에 있다고 가르친다. 많은 사람이 평생 책을 읽고, 홈 스터디 수업을 듣고, 강의를 들으면서도, 관련된 원칙의 가치를 보여주지 못하고 지낸다. 그러나 마스터키는 배운 원칙의 가치를 입증하고 일상 경험에서 실제로 실천하는 방법을 제안한다.

세계의 사상에 변화가 일고 있다. 이 변화는 우리 사이에서 조용히 일어나고 있으며, 이교도Paganism의 몰락 이후 세계가 겪은 어떤 변화보다도 중요하다. 신분이 높고 교양있는 사람들로부터 노동 계급을 망라한 모든 계급의 사람들의 의견에 따르면, 현재의 혁명은 세계사에서 유례를 찾아볼 수 없는 것이다.

최근 과학은 매우 광대한 발견을 이루었고, 무한한 자원을 발견했고, 엄청난 가능성과 예상치 못한 능력을 밝혀냈다. 그래서 과학자들은 점점 더 어떤 이론을 의심할 여지 없이 확립된 것으로 단언하거나, 다른 이론들이 터무니없거나 불가능하다고 부정하기를 꺼리고 있다.

이제 새로운 문명이 탄생하고 있다. 관습, 신조, 잔혹함이 물러가고, 비전, 믿음, 봉사가 그 자리를 차지하고 있다. 전통의 족쇄가 인류로부터 녹아 없어지고, 물질주의의 찌꺼기가 타서 없어지고, 생각이 해방되고, 진실은 놀란 군중들 앞에 둥글게 떠오르고 있다.

전 세계는 새로운 의식, 새로운 능력과 새로운 의식, 새로운 능력과 자아 속에 있는 자원에 대한 새로운 인식의 전야에 있다.

지난 세기는 역사상 가장 위대한 물질적 진보가 있었다. 현 세기는 정신력과 영적인 능력에 있어 가장 위대한 진보를 보게 될 것이다.

물질과학은 물질을 분자로, 분자를 원자로, 원자를 에너지로 분해했고, 암브로즈 플레밍 경Sir Ambrose Fleming은 왕립 연구소에서 행한 연설에서 마침내 이 에너지를 정신으로 분해했다. 그는 다음과 같이 말했다.

"에너지는 그 궁극적인 본질을 찾아가게 되면, 우리가 정신Mind 혹은 의지Will라 불리는 것들의 직접적인 작용을 보여준다고 보는 것 외에는 이해할 방법이 없다.”

자연에서 가장 강력한 능력이 무엇인지 보도록 하자.

광물 세계에서는 모든 것이 견고하고 고정되어 있다. 동물과 식물의 왕국은 끊임없이 변화하고 항상 창조되고 재창조되는 상태에 있다.

대기 중에서 우리는 열과 빛, 에너지를 발견할 수 있다. 각각의 영역은 우리가 보이는 것에서 보이지 않는 것으로, 거친 것에서 미세한 것으로, 낮은 잠재력에서 높은 잠재력으로 넘어갈수록 더 정교해지고 영적인 것으로 변한다. 우리가 보이지 않는 것에 도달했을 때, 가장 순수하고 불안한 상태의 에너지를 발견하게 된다.

자연의 가장 강력한 능력이 보이지 않는 능력이기 때문에, 인간의 가장 강력한 능력도 보이지 않는 능력, 즉 영적인 능력이라는 것을 알 수 있다. 그리고 영적인 능력이 드러날 수 있는 유일한 방법은 사고의 과정을 통해서이다.

사고^{thinking}는 정신^{spirit}의 유일한 활동이고, 생각^{thought}은 사고의 유일한 산물이다.

따라서 덧셈과 뺄셈은 영적인 거래이고, 추론은 영적인 프로세싱 과정이며, 아이디어는 영적인 개념이며, 질문은 영적인 서치라이트이자 논리이며, 논쟁과 철학은 영적인 기계이다.

모든 생각은 특정한 신체 조직, 뇌의 일부, 신경이나 근육을 움직이게 한다. 이로 인해 실제로 세포조직의 구성에 물리적 변화가 일어난다. 따라서 인간의 신체 조직에 완전한 변화를 가져오기 위해서는 특정 주제에 대해 일정한 수의 생각을 하는 것이 필요하다. 이는 실패가 성공으로 바뀌는 과정이다.

실패, 절망, 한계와 불화가 용기, 능력, 영감, 화합의 생각으로 바뀌고, 이러한 생각이 뿌리내리면서, 신체 조직이 변화하고 개인이 삶을 새로운 빛 아래서 바라보고, 오래된 것은 사라지고 모든 것이 새로워졌으며, 그는 다시 태어난다.

이번에는 영^{spirit}으로 태어나서, 삶의 새로운 의미를 얻게 되고, 새로운 존재가 되어서 기쁨, 자신감, 희망, 에너지로 가득 차게 된다. 그가 이전에는 보지 못했던 성공의 기회를 보게 되고, 이전에는 의미가 없었던 가능성을 깨닫게 된다. 그의 내면에 가득 찬 성공의 생각들이 주변 사람들에게도 발산되고, 다시 이들이 그가 전진하고 상승하게 한다. 그는 새롭고 성공한 동료들을 끌어모으고, 이는 그의 환경을 변화시킨다. 따라서 이 단순한 생각의 실천으로, 인간은 자기 자신뿐 아니라 그의 환경과 처한 상황, 조건까지도 변화시키게 된다.

CONTENTS

P A R T 1

"마스터키 시스템" 파트 1을 소개하게 되어 영광이다. 여러분의 삶에 더 많은 능력을 끌어들이고 싶다면 파워 의식을 가지고, 더 많은 건강을 끌어들이고 싶다면 건강 의식을, 더 많은 행복을 끌어들이고 싶다면 행복 의식을 가져야 한다. 이것들이 온전히 자신의 것이 될 때까지 이런 정신으로 살아야 한다. 그때는 이것들과 여러분을 떼어놓기가 불가능해질 것이다. 세상일은 그것을 지배하는 사람 내면의 능력에 의해 유동적이기 때문이다.

이 능력을 얻을 필요는 없다. 여러분 안에 이미 가지고 있기 때문이다. 하지만 그것을 이해하고, 사용하고, 통제하고, 몸에 배도록 해야 한다. 그런 후에 앞으로 나아가 큰 성공을 거둘 수 있다.

날이 가고 계속해 나갈수록, 탄력이 붙고, 영감이 깊어지고, 계획이 구체화하고, 이해하게 되면, 여러분은 이 세상이 죽은 돌들과 통나무 더미가 아니라 살아있는 존재임을 깨닫게 될 것이다!

이 세상은 인류의 뛰는 심장으로 구성되어 있다. 생명과 아름다움의 존재이다. 이렇게 묘사된 소재를 가지고 일하는 것은 분명 이해력이 필요하지만, 이해하게 된 사람, 새로운 빛과 능력에 의해 영감을 받은 사람은 매일 자신감과 더 큰 능력을 얻고, 자신의 소망과 꿈이 실현되었으며, 삶이 예전보다 더 깊고, 풍부하고, 뚜렷한 의미를 지니고 있다는 것을 깨닫게 된다.

자, 이제 1부를 시작한다.

01

많을수록 더 모인다는 것은 존재의 모든 면에서 사실이며, 손실이 더 큰 손실로 이어진다는 것 또한 똑같은 사실이다.

02

마음은 창의적이며, 조건, 환경, 그리고 삶의 모든 경험은 우리의 습관적이거나 지배적인 정신 태도의 결과이다.

03

마음가짐은 반드시 우리가 어떻게 생각하느냐에 달려있다. 그러므로 모든 능력, 성취와 소유의 비밀은 우리의 사고방식에 달려있다.

04

우리가 "실행"하기 전에 "존재"해야 하고, 우리는 우리 "존재"의 범위 내에서만 "실행"할 수 있으며, 우리의 "존재"는 우리의 "생각"에 달려있다.

05

우리는 소유하지 않은 능력을 표출할 수 없다. 능력을 확보할 수 있는 유일한 방법은 능력을 의식하는 것이며, 모든 능력은 우리 내면으로부터 나온다는 것을 배우기 전에는 절대 능력을 의식할 수 없다.

06

우리의 내면에는 세계가 있다. 생각과 감정과 능력의 세계, 빛과 생명과 해결책 아름다움의 세계이다. 이 세계는 눈에 보이지는 않지만, 강력한 능력을 갖추고 있다.

07

내면의 세계는 마음에 의해 지배된다. 이 내면의 세계를 발견했을 때, 우리는 모든 문제에 대한 해결책, 모든 결과의 원인을 찾을 수 있을 것이다. 그리고 내면의 세계가 우리의 통제하에 있으므로, 모든 능력과 소유의 법칙 또한 우리의 통제하에 있다.

08

외부 세계는 내면세계를 반영한다. 외부의 것인 듯 보이지만 내면에서 보아온 것이다. 내면에는 무한한 지혜, 무한한 능력, 필요한 모든 것의 무한한 공급이 펼쳐져 발전되고 표현될 날만을 기다리고 있다. 이런 내면세계의 잠재력을 인식하게 되면, 이것들이 외부 세계에서 구체화하게 된다.

09

내면세계에서의 조화는 조화로운 조건, 쾌적한 환경 등 최상의 조건으로 외부 세계에 반영될 것이다. 이는 건강의 기초이며 모든 위대함, 능력, 성과, 성취와 성공에 있어서 필수적인 요소이다.

10

내면세계에서의 조화란 우리의 생각을 통제하고 어떤 경험이 우리에게 어떤 영향을 미칠지 스스로 결정할 수 있는 능력을 의미한다.

11

내면세계의 조화는 낙관주의와 풍요를 낳게 되며, 내면의 풍요는 외부 세계의 풍요를 낳는다.

12

외부 세계는 내면 의식의 상황과 조건을 반영한다.

13

내면세계에서 지혜를 찾는다면, 우리는 이 내면세계에 잠재된 놀라운 가능성을 분별할 수 있는 이해력을 갖게 될 것이다. 그리고 이러한 가능성을 외부 세계로 드러낼 수 있는 능력을 갖추게 될 것이다.

14

우리가 내면세계의 지혜를 의식하게 되면 정신적으로 이 지혜를 소유하게 되고, 정신적으로 소유하게 되면 완벽하고 조화로운 발전을 위해 필수적인 요소들을 드러내는 데 필요한 능력과 지혜를 실제로 소유하게 된다.

15

　내부 세계는 능력을 갖춘 남자와 여자가 용기, 희망, 자신감, 신뢰, 믿음을 만들어 내는 현실 세계이다. 이를 통해 그들은 비전을 보는 훌륭한 지성과 그 비전을 현실화하는 실용적인 기술을 얻게 된다.

16

　인생은 펼쳐지는 것이지, 부가되는 것이 아니다. 외부 세계에서 오는 것들은 내면세계에 이미 가지고 있는 것들이다.

17

　모든 소유는 의식에 기초한다. 모든 이득은 누적된 의식의 산물이다. 모든 손실은 의식이 흩어진 결과이다.

18

　정신의 효율성은 조화로 좌우된다. 불화는 혼란을 의미한다. 따라서, 능력을 얻으려면 자연법과의 조화가 필요하다.

19

　우리는 객관적인 마인드를 통해 외부 세계와 연결되어 있다. 뇌는 이 객관적인 마인드의 기관이고 뇌척추 신경계는 우리를 신체의 모든 부분과 의식적으로 소통하게 한다. 이 신경계는 빛, 열, 냄새, 소리, 그리고 미각의 모든 감각에 반응한다.

20

　이 객관적인 마인드가 올바른 생각을 하고, 진리를 이해하며, 뇌척수

신경계를 통해 신체로 전달되는 생각이 건설적일 때, 이러한 감각들은
즐겁고 조화롭다.

21

그 결과 우리는 우리 몸에 강인함과 생명력, 온갖 건설적인 능력을 갖
추게 되지만, 바로 이 객관적인 마인드를 통해, 모든 고통, 질병, 결핍,
한계, 그리고 모든 형태의 불협화음도 우리 삶에 들어오게 된다. 그러
므로, 통념과 다르게, 우리가 파괴적인 능력과 연관을 맺게 되는 것은
객관적인 마인드를 통해서다.

22

우리는 잠재의식을 통해 내면세계와 연결되어 있다. 태양신경총은
이 정신의 기관이다. 교감 신경계는 기쁨, 두려움, 사랑, 감정, 호흡, 상
상력, 그리고 다른 모든 잠재의식 현상 같은 모든 주관적인 감각을 지
배한다. 잠재의식을 통해 우리는 보편적 정신Universal Mind과 연결되어 있
고, 우주의 무한한 건설적인 능력과 연결되게 된다.

23

우리 존재의 이 두 가지 중심들의 협력과 그 기능에 대한 이해야말로
삶의 큰 비밀이다. 이 지식을 통해 우리는 객관적인 마인드와 주관적인
마인드가 의식적으로 협력하게 만듦으로써, 유한한 것과 무한한 것을
조정할 수 있다. 우리의 미래는 전적으로 우리의 통제하에 있다. 그것
은 변덕스럽거나 불확실한 외부의 능력에 좌우되지 않는다.

24

오직 하나의 원칙^{Principle} 혹은 의식^{Consciousness}만이 온 우주를 가득 채우고, 모든 공간을 차지하며, 존재의 모든 지점에서 본질적으로 같은 종류로 존재한다는 점에 동의한다. 이는 매우 강력하고 지혜로우며 항상 존재한다. 모든 생각과 사물이 그 안에 있다. 그 자체로 완벽하다.

25

이 우주에서 생각할 수 있는 의식은 단 한 가지뿐이다. 그리고 그것이 생각할 때, 그 생각은 자신에게 객관적인 것이 된다. 이 의식은 편재하는 것이기 때문에, 모든 개인의 내면에 존재해야 한다. 각 개인은 이 전지전능하고 무소 부재^{omnipresent}인 의식의 발현이 되어야 한다.

26

우주에는 오직 하나의 의식만이 있으므로, 당신의 의식은 보편적 의식^{Universal Consciousness}과 동일하다고 할 수밖에 없다. 달리 말해, 모든 정신은 하나라는 피할 수 없는 결론에 도달하게 되는 것이다.

27

당신의 뇌세포에 집중되는 의식은 다른 모든 개인의 뇌세포에 집중되는 것과 같은 의식이다. 각 개인은 보편적 정신의 개별화에 불과하다.

28

보편적 정신은 정적 혹은 잠재적 에너지이다. 그저 존재하고 있을 뿐이다. 그것은 개인을 통해서만 나타날 수 있고, 또한 개인은 보편적 정신을 통해서만 나타날 수 있다. 이 둘은 하나이다.

개인의 사고력은 보편성에 따라 행동하고 그것을 발현시키는 능력이다. 인간의 의식은 오직 인간의 사고 능력에 있다. 정신은 그 자체로 정적인 에너지의 미묘한 형태라고 여겨지는데, 여기에서부터 '생각'이라고 불리는 활동이 발생하며, 이는 정신의 역동적인 단계이다. 정신은 정적인 에너지이고, 생각은 역동적인 에너지이며, 동일한 것의 두 가지 단계이다. 그러므로 사고는 성적인 마음을 역동적인 정신으로 전환함으로써 형성되는 진동력이다.

30

전지전능함과 무소 부재함이라는 모든 속성의 합계가 보편적 정신에 포함되어 있으므로, 이러한 속성은 모든 개인에게 항상 잠재적 형태로 존재해야 한다. 그러므로, 개인이 생각할 때, 자연스레 그 생각은 그 기원에 부합하는 객관성이나 조건 속에서 자신을 구체화하도록 강요받는다.

31

모든 생각이 원인^{cause}이고 모든 조건이 결과^{effect}이다. 그러므로, 바람직한 조건만이 생기도록 생각을 통제하는 것이 절대적으로 중요하다.

32

모든 능력은 내면으로부터 나오며 전적으로 당신의 통제하에 있다. 그것은 정확한 지식을 통해 나오며, 정확한 원칙의 자발적 실천을 통해 얻어진다.

33

당신이 이 법칙을 완전히 이해하고 사고 과정을 통제할 수 있다면, 자연스레 당신은 그것을 어떤 조건에도 적용할 수 있게 된다. 즉, 당신은 만물의 기본이 되는 전능한 법칙에 의식적으로 따르게 된다는 것이다.

34

보편적 정신은 존재하는 모든 원자^{atom}의 생존 원리이다. 모든 원자는 더 많은 생명을 발현시키기 위해 끊임없이 노력하고 있다. 모든 원자는 지능을 지니고 있고, 자신이 창조된 목적을 수행하려고 노력하고 있다.

35

대부분 인류는 외부 세계에서 살아간다. 내면세계를 발견한 사람은 거의 없다. 그러나 외부 세계를 만드는 것은 내면세계이다. 그러므로 내면세계는 창조력이 있고, 당신이 외부 세계에서 발견하는 모든 것은 내면세계에서 창조된 것이다.

36

이 시스템은 당신이 외부 세계와 내면세계의 관계를 이해할 때 얻어질 수 있는 능력을 실현할 수 있도록 해줄 것이다. 내면세계는 원인이고, 외부 세계는 결과이다. 결과를 바꾸기 위해서는 원인을 바꾸어야 한다.

37

당신은 이것이 완전히 새롭고 다른 아이디어라는 것을 눈치챌 것이다. 대부분 사람은 결과에 작업함으로써 결과를 바꾸려 한다. 그들은 이것이 단지 고통의 형태만 바꿀 뿐이라는 것을 깨닫지 못한다. 불화를 없애기 위해서는 원인을 제거해야 하며, 이 원인은 내면세계에서만 찾을 수 있다.

38

모든 성장은 내면으로부터 이루어진다. 이는 모든 자연에서 명백한 사실이다. 모든 식물, 동물, 인간은 이 위대한 법칙의 살아있는 증거이다. 시대의 오류는 능력과 능력을 외부 세계에서 찾는 데 있다.

39

내부 세계는 공급의 보편적 샘fountain이고, 외부 세계는 시냇물stream로 나아가는 출구이다. 우리가 받을 수 있는 능력은 이 보편적 샘Universal Fountain을 인식하는 데 달려있다. 이 무한 에너지Infinite Energy는 각 개인이 배출구이며, 다른 모든 개인도 마찬가지이다.

40

인식은 정신적인 과정이며, 따라서 정신작용은 보편적 정신에 대한 개인의 상호작용이다. 보편적 정신은 모든 공간에 스며들고 모든 생명체에 생명을 불어넣는 지능이기 때문에, 이 정신작용과 반작용은 인과관계의 법칙이지만, 인과관계의 원리는 개인이 아닌 보편적 정신에 존재하는 것이다. 그것은 객관적인 능력이 아니라 주관적인 과정이며, 그 결과는 무한히 다양한 조건과 경험에서 볼 수 있다.

41

생명을 표현하기 위해서는 정신이 있어야 한다. 정신 없이는 아무것도 존재할 수 없다. 존재하는 모든 것은 만물이 창조되고 또 끊임없이 재창조되는 근원이 되는 이 하나의 기본 원료basic substance가 표현된 형태이다.

42

우리는 창조력 있는 정신 원료^{mind substance}로 이루어진 헤아릴 수 없이 깊은 바다에 살고 있다. 정신 원료는 살아 있고 활동적이며, 극도로 민감하다. 그것은 정신의 요구에 따라 형태를 갖추게 된다. 생각은 물질이 표현하는 틀이나 매트릭스를 형성한다.

43

법칙을 적용할 때만 가치가 창출될 수 있으며, 이 법칙을 실질적으로 이해할 때, 가난을 풍요로, 무지를 지혜로, 불화를 조화로, 그리고 독재를 자유로 바꿀 수 있음을 기억하라. 물질적 그리고 사회적 관점에서 볼 때, 이보다 더한 축복은 없음이 분명하다.

44

이제 적용해 보자. 방해받지 않고 혼자 있을 수 있는 방을 골라서, 편안히 똑바로 앉아보자. 그러나 긴장을 풀지는 말라. 생각이 마음대로 떠다니게 하되, 15~30분간 완전한 평안 상태를 유지하라. 이런 과정을 사흘이나 나흘, 혹은 일주일간 계속하면서 자신의 신체를 완전히 컨트롤할 수 있게 하라.

45

어떤 이들은 쉽게 달성하는 반면, 많은 이들이 이 과정이 어렵다고 여길 것이다. 하지만 자신의 신체를 완전히 컨트롤하는 것은 다음 단계로 가기 전 반드시 해내야 할 일이다. 다음번에는 다음 단계에 대한 지침을 받게 될 것이다. 그 전에, 이번 단계를 반드시 마스터해야 한다.

원인과 결과의 법칙은 눈에 보이는 물질세계에서만큼이나
생각의 숨겨진 영역에서도 절대적이고 한결같다.
정신은 성격이라는 내복과 환경이라는 겉옷을 짜깁는 숙련된 방직공과 같다.

제임스 알렌

질문과 대답

▶ 외부 세계는 내부 세계와 어떻게 연관되는가?
외부 세계는 내부 세계를 반영한다.

▶ 모든 소유는 무엇에 의존하는가?
모든 소유는 의식에 기초를 두고 있다.

▶ 개인과 객관적 세계는 어떻게 연결되는가?
개인인 객관적 정신을 통해 객관적 세계에 연결된다. 두뇌는 이 객관적
정신의 기관이다.

▶ 개인은 어떻게 보편적 정신에 연결되는가?
개인은 무의식적 정신을 통해 보편적 정신에 연결된다. 태양신경총은
이 무의식적 정신의 기관이다.

▶ 보편적 정신이란 무엇인가?
보편적 정신은 존재하는 모든 원자의 생명 원리이다.

▶ 개인은 어떻게 보편적 정신에 따라 행동하게 되는가?
개인의 사고력은 보편적 정신에 따라 행동하고 이를 발현시키는 능력이다.

▸ 이러한 행동과 상호작용의 결과는 무엇인가?

이러한 행동과 상호작용은 원인과 결과의 관계에 있다. 모든 생각은 원인이 되고, 모든 조건은 결과가 된다.

▸ 조화롭고 바람직한 조건을 확보하는 방법은 무엇인가?

올바른 사고를 통해 조화롭고 바람직한 조건을 얻을 수 있다.

▸ 모든 불협화음과 부조화, 결핍, 한계의 원인은 무엇인가?

불협화음과 부조화, 결핍, 한계는 잘못된 사고의 결과물이다.

▸ 모든 능력의 근원은 무엇인가?

모든 능력의 근원은 보편적 공급의 샘인 내면세계이며, 개개인은 이 내면세계의 무한한 에너지를 배출하는 통로이다.

　우리의 어려움은 대부분 우리의 진정한 관심사에 대한 무지와 혼란스러운 생각들로 인해 생겨난다. 우리가 맞추어 살아가야 할 자연법을 발견해 내는 일은 우리의 큰 임무이다. 그러므로 명확하게 생각하고 도덕적인 통찰력을 가지는 것이 말할 수 없이 중요하다. 모든 과정은, 심지어 생각의 과정까지도, 견고한 기초 위에 놓여 있다. 감각이 예민할수록, 판단이 예리할수록, 취향이 세련될수록, 도덕적 감정이 섬세할수록, 지적으로 심오할수록, 고귀한 열망을 가지고 있을수록, 존재함에 대해 순수하고 강렬하게 감사하게 된다.

　그러므로 세상에서 가장 잘 알려진 것에 관한 연구는 최고의 기쁨을 준다. 정신의 능력, 용도, 가능성에 대한 새로운 해석들은 가장 화려한 업적이나 물질적인 진보에 대한 꿈과도 비교할 수 없을 정도로 놀라운 것이다.

　생각은 에너지이다. 능동적 사고는 능동적 에너지이다. 집약된 사고는 집약된 에너지이다. 명확한 목적에 생각을 집중시키면 능력이 생겨난다. 이는 빈곤의 덕virtue of poverty이나 자기부정의 미beauty of self-denial를 믿지 않는 사람들이 사용하는 능력이다. 그들은 이러한 가치들을 나약한 사람들의 핑계라고 여긴다.

　이 능력을 획득하고 나타내려면 인간의 내면에 존재하는 무한한 에너지를 인식해야 한다. 사람의 신체와 정신을 끊임없이 창조하고 재창조하며, 언제든 어떤 필요한 방식으로든 그 사람을 통해 드러날 준비가 되어 있는 에너지 말이다. 이 사실을 인지하면 할수록 개인의 외적인 삶에서 더 에너지가 드러나게 마련이다.

01

정신은 평행하는 두 가지 행동 양식에 의해 작용한다. 하나는 의식 conscious이고 다른 하나는 잠재의식subconscious이다. 데이비슨 교수는 다음과 같이 말한다.

"자신의 의식의 빛으로 정신작용의 전반을 비추려고 하는 사람은 등잔불로 우주를 비추려고 하는 사람이나 다름없다."

02

잠재의식은 확실성과 규칙성을 가지고 논리를 세워가는데, 이는 오류 가능성이 존재한다면 불가능한 일이다. 이는 우리 스스로는 작업 방식에 대한 우려는 전혀 하지 않는 반면, 우리의 정신은 자신에게 가장 중요한 인식의 기반을 제공하도록 설계되어 있기 때문이다.

03

잠재의식은 마치 자애로운 이방인처럼 성숙한 열매만을 우리에게 주면서 우리의 이익을 위해 일한다. 따라서 사고 과정을 자세히 분석해 보면, 잠재의식은 가장 중요한 정신 현상의 극장과 같다는 것을 보여준다.

04

이 잠재의식을 통해서, 셰익스피어는 사람들의 의식에서 숨겨져 있는 위대한 진실을 손쉽게 인지했고, 페이디아스는 대리석과 청동으로 형상을 빚어내었으며, 라파엘로는 성모상을 그렸고, 베토벤은 교향곡을 작곡했다.

05

의식에 의지하지 않을수록 능숙하고 완벽해질 수 있다. 피아노를 치는 일, 스케이팅, 타자를 치는 일, 장사수완은 잠재의식의 흐름에 의존할 때 완벽하게 수행될 수 있다. 열띤 토론을 하면서 동시에 피아노로 멋진 곡을 연주하는 놀라운 기술은 우리의 잠재의식의 능력이 얼마나 위대한지를 보여준다.

06

우리가 얼마나 잠재의식에 많이 의존하는지 너무나 잘 알고 있으며, 우리의 생각이 위대하고 고귀하며 훌륭할수록, 그 근원이 우리의 이해 밖에 있다는 사실은 더 명백해진다. 우리는 재치, 본능, 예술과 음악 등에 있어서 미적 감각을 타고났지만, 이것들이 어디로부터 왔는지, 혹은 내 안에 있는지조차 전혀 알아차리지 못한다.

07

잠재의식의 가치는 엄청나다. 그것은 우리에게 영감을 주고, 경고하고, 기억의 창고에서 찾아낸 이름과 사실, 장면들을 제공한다. 그것은 우리의 생각과 취향의 방향을 이끌고, 의식적인 정신은 수행할 능력이 없을 정도로 복잡한 임무를 완성한다.

08

우리는 의지대로 걷고, 원할 때는 언제나 팔을 올리며, 좋아하는 어떤 주제에도 눈과 귀를 집중할 수 있다. 반면, 우리는 심장박동이나 혈액 순환, 신체의 성장, 신경과 근육 조직의 형성, 뼈의 형성, 그리고 많은 다른 중요한 생존 작용을 멈출 수는 없다.

09

이 두 종류의 행동 양식을 비교해 보자면, 전자는 순간의 의지로 결정되는 반면, 후자는 장엄하고 리드미컬한 코스로 진행되며, 흔들림 없이 어느 순간에도 한결같다. 우리는 후자를 동경하며 그 비법을 알고자 한다. 우리는 이것이 육체적 삶의 중요한 과정들이라는 것을 즉시 알 수 있다. 또한 이 매우 중요한 기능들이 변덕스럽고 변화하는 외적 의지의 영역에서 벗어나도록 설계되어, 우리 내면의 변함없고 믿음직한 능력의 지휘하에 놓여 있다는 사실을 깨닫게 된다.

10

이 두 능력 중, 외적이고 가변적인 능력은 "의식Conscious Mind" 혹은 외적인 대상을 다루므로 "객관적 정신Objective Mind"이라 불린다. 내적인 능력은 "잠재정신Subconscious Mind" 혹은 "주관적 정신Subjectvie Mind"이라 불리며,

정신적인 면에서의 작용 외에도 육체적 삶을 가능하게 하는 규칙적인 기능들을 컨트롤한다.

11

이들 각각이 정신적인 면에서 어떻게 작용하는지뿐 아니라 다른 기본 원칙에 대해서도 명확히 이해할 필요가 있다. 오감을 통해 인식, 작용하면서, 의식은 외적인 삶에 대한 인상과 대상을 다룬다.

12

이는 선택의 책임을 수반하는 분별 능력을 지니고 있다. 귀납법, 연역적, 분석적, 혹은 삼단논법적인 추론력을 가지고 있으며, 이 능력은 높은 수준으로 계발될 수 있다. 이는 모든 에너지의 근원이 되는 의지의 중심^{seat of will}이다.

13

이는 다른 사람의 마음을 감동시킬 수 있을 뿐 아니라, 잠재의식을 이끌 수 있다. 이런 방법으로 의식은 잠재의식의 책임감 있는 지배자이자 보호자가 된다. 이 고도의 기능을 통해 당신의 삶의 조건이 완전히 뒤바뀔 수 있다.

14

두려움, 걱정, 가난, 질병, 부조화, 그리고 모든 종류의 악^{evil}이 우리를 지배하게 되는 것은, 무방비 상태의 잠재의식이 거짓 제안을 받아들였기 때문이다. 훈련된 의식은 경계하며 보호 조치를 취함으로써 이 모든 것을 예방할 수 있다. 따라서 의식은 거대한 잠재의식 영역의 "문지기^{the}

watchman at the gate"라고 불릴 수 있다.

15

어떤 저자는 정신의 두 단계의 주요한 차이점을 다음과 같이 표현했다. "의식은 추론하는 의지이다. 잠재의식은 본능적인 욕망이며, 과거에 존재한 추론하는 의지의 산물이다."

16

잠재의식은 외부 정보가 제공한 전제로부터 정당하고 정확인 추론을 도출한다. 이 전제가 옳을 경우에는 잠재의식은 완벽한 결론에 도달한다. 하지만 전제나 암시에 오류가 있을 경우, 구조 전체가 무너지게 된다. 잠재의식은 증명 과정에는 관여하지 않는다. "문지기" 역할을 하는 의식에 의지해서 그릇된 인상을 피하고자 한다.

17

어떤 암시를 참으로 받아들였을 경우, 잠재의식은 즉시 이에 의지해서 광대한 활동 분야의 모든 부분에서 일하기 시작한다. 의식은 진실 혹은 오류를 알려줄 수 있다. 만일 오류일 경우, 존재 자체에 광범위한 위험을 불러오게 된다.

18

의식은 깨어있는 동안 쉬지 않고 일해야 한다. "문지기"가 "경계 태만의 상태"이거나, 다양한 상황에서 침착한 판단을 하지 못하고 있다면, 잠재의식은 무방비 상태가 되어 온갖 인상을 다 수용하게 된다. 패닉 상태로 흥분되어 있거나, 몹시 화가 나 있거나, 무책임한 군중의 충동적 행동, 혹은 절제되지 않은 격정의 상태에 있을 때가 가장 위험한 때이다. 이때 잠재의식은 두려움, 증오, 이기심, 탐욕, 자기비하뿐 아니라, 주변 사람들과 상황이 주는 부정적인 힘에 속수무책이 된다. 그 결과는 대체로 극도로 해롭고, 오랫동안 부정적인 영향을 미치기도 한다. 따라서, 그릇된 인상으로부터 잠재의식을 지키는 것이 매우 중요하다.

19

잠재의식은 직관을 통해 인지한다. 따라서 그 처리 속도가 매우 빠르다. 의식적 추론의 느린 일 처리를 기다리지도 않는다. 사실, 그런 느린 방법을 사용할 수도 없다.

20

심장이나 혈액과 마찬가지로, 잠재의식 또한 잠을 자거나 쉬는 법이 없다. 단순히 잠재 의식에게 성취해야 할 일들을 언급하기만 해도 원하는 결과를 끌어낼 힘이 작동한다는 사실이 밝혀졌다. 그렇다면, 이것이 우리가 전지전능함에 근접할 수 있는 능력의 원천이며, 열정적으로 연구할 만한 가치가 있는 심오한 원칙인 셈이다.

21

이 법칙이 운용되는 방식은 매우 흥미롭다. 이 법칙을 운용하는 사람은 다음과 같은 경험을 한다. 어떤 사람과의 어려운 면접을 예상하고 나갔는데, 앞서 있었던 무언가가 예상했던 문제를 해결해 놓는 일 말이다. 모든 것이 조화롭게 바뀌어 있다. 그들은 이제 어려운 사업상의 문제가 생겼을 경우, 결정을 늦출 수 있으며 적절한 해결책이 생겨날 것을 안다. 모든 것이 적절하게 준비된 것이다. 사실, 잠재의식을 신뢰하는 사람들은 사용할 수 있는 무한한 자원이 있다는 것을 알게 된다.

22

우리의 원칙과 열망은 잠재의식 안에 자리 잡고 있다. 잠재의식은 예술적, 이타적 이상의 원천이기도 하다. 이러한 직관은 오직 선천적인 원칙들을 무너뜨리는 정교하고 점진적인 과정을 통해서만이 완전히 변화될 수 있다.

23

잠재의식은 논쟁하듯 따지지 못한다. 따라서 그릇된 인상을 받아들였다면, 이를 극복하는 확실한 방법은 강력한 정반대의 인상을 자주 반복해서 제시하는 것이다. 이를 받아들일 수밖에 없기에, 마침내는 건강한 사고와 생활방식이 새롭게 생겨날 수밖에 없게 된다. 잠재의식은 습관Habit이 머무는 곳이기 때문이다. 우리가 반복적으로 하는 행동들은 기계적으로 된다. 더는 판단에 따른 행동이 아니라, 잠재의식 속에 깊이 각인되게 되는 것이다. 건강하고 좋은 습관을 지녔다면 이것은 우리에게 바람직한 일이 될 것이다. 하지만 해롭고 그릇된 습관을 지닌 경우, 그 치료법은 잠재의식의 전능함을 인정하고, 지금 당장 그 습관들로부터 자유로워질 것을 제안하는 것이다. 잠재의식은 창의력이 있고, 우리의 신성한 근원Divine Source과 하나가 되어 있으므로, 그러한 자유를 즉시 창조해 낼 수 있을 것이다.

24

신체적인 측면에서 잠재의식의 일반적인 기능은 규칙적인 생명 활동과 관련이 있다. 즉, 생명을 유지하고 건강을 회복하는 일, 후손을 돌보는 일 등이 그 예이다. 여기에는 모든 생명을 보호하고 전반적인 조건을 개선하려는 본능적인 욕망도 포함된다.

25

정신적인 측면에서 볼 때, 잠재의식은 기억의 저장소이다. 그곳에는 시공을 뛰어넘어 일하는 뛰어난 생각의 사자使者가 살고 있다. 또한 잠재의식은 실질적인 주도력과 건설적인 힘의 원천이다. 습관이 머무는 장소이다.

26

영적인 측면에서 볼 때, 잠재의식은 이상과 열망, 상상의 원천이며, 우리의 신성한 근원Divine Source을 인식하는 통로이다. 그리고 우리가 신神을 인정할수록 능력의 근원에 대해 더 잘 이해할 수 있게 된다.

27

어떤 이는 "어떻게 잠재의식이 조건을 변화시킨다는 거지?"라고 물을 수도 있다. 이에 대한 답은 이렇다. 잠재의식은 보편적 정신의 일부이고, 어떤 것의 일부는 그 종류와 질에 있어서 전체와 동등해야 하기 때문이다. 정도의 차이만 있을 뿐이다. 이미 알고 있듯이, 전체보편적 정신는 창조력이 있으며, 사실 유일한 창조자이다. 따라서 정신은 창조력이 있으며, 생각이 정신의 유일한 행위이기 때문에, 생각 또한 창조력이 있을 수밖에 없는 것이다.

28

그러나 우리는 단순히 생각하는 것과 의식적, 체계적, 건설적으로 생각을 이끌어 나가는 것 사이에는 큰 차이가 있다는 것을 발견하게 될 것이다. 후자대로 할 때, 우리의 정신은 보편적 정신과 조화를 이루게 되고, 조물주의 뜻과 일치하며, 존재하는 가장 강력한 힘인 보편적 정신의 창조력을 움직이게 된다. 다른 모든 것처럼, 이 또한 자연법칙에 의해 지배받는데, 이를 "끌어당김의 법칙"이라 부른다. 즉, 정신은 창조력이 있으며, 그 대상과 자동적으로 연결되고, 그 대상을 드러나게 한다는 것이다.

29

이전 장에서 나는 신체 통제력을 확보하기 위한 연습을 제시했다. 이를 달성했다면 당신은 앞으로 나아갈 준비가 된 것이다. 이번에는 생각을 제어하는 연습을 해 볼 것이다. 가능하다면 동일한 방과 의자, 자세를 유지하라. 동일한 방을 사용하기가 쉽지 않다면, 여건이 허락하는 한 최대한 활용하라. 이제 이전에 했듯이 움직임을 멈추되, 모든 생각을 차단하라. 이렇게 함으로써, 당신은 걱정과 근심과 두려움을 제어할수 있게 되고, 원하는 종류의 생각만을 할 수 있게 될 것이다. 이 방법을 완전히 터득할 때까지 반복해서 연습하라.

30

이 연습을 매회 몇 분 이상 하기는 힘들 것이다. 그러나 이 연습을 통해서, 종일 당신의 정신세계에 침투하려고 틈을 노리는 생각들이 얼마나 많은지 볼 수 있게 된다는 면에서, 이 연습은 가치가 있다.

31

다음 장에서는 좀 더 흥미로운 연습을 하게 될 것이다. 그전에 이번 훈련을 완전히 터득해야 한다.

질문과 대답

▶ 정신 활동의 두 가지 형태는 무엇인가?
의식과 잠재의식

▶ 용이성과 완벽성은 무엇에 의해 결정되는가?
용이성과 완벽성은 우리가 의식에 의존하기를 멈추는 정도에 따라 결정된다.

▶ 잠재의식의 가치는 무엇인가?
엄청난 가치가 있다. 잠재의식은 우리를 인도하고, 경고하며, 생명 작용을 제어하고, 기억이 머무는 장소가 되기도 한다.

▶ 의식 작용에는 어떤 것들이 있는가?
분별력과 추리력이 있으며, 의지의 중심이고, 잠재 의식에게 영향을 주기도 한다.

▶ 의식과 잠재의식은 어떻게 구분될 수 있는가?
의식은 추론하는 의지이다. 잠재의식은 본능적인 욕망이며, 과거에 존재한 추론하는 의지의 산물이다.

▸ 잠재의식에 인상을 주려면 어떻게 해야 하는가?

원하는 것을 마음속으로 말하라.

▸ 그 결과는 무엇인가?

원하는 것이 위대한 전체^{Whole}의 움직임에 발맞추어 앞으로 나아갈 수 있다면, 능력이 갖추어져 원하는 결과를 얻을 수 있게 된다.

▸ 이 법칙이 운용되면 얻어지는 결과는 무엇인가?

우리의 주된 마음가짐에 부합하는 조건이 환경으로 반영되어 나타난다.

▸ 이 법칙의 명칭은 무엇인가?

끌어당김의 법칙

▸ 이 법칙이 주장하는 바는 무엇인가?

정신은 창조력이 있으며, 그 대상과 자동으로 연결되고, 그 대상을 드러나게 한다.

PART 3

여러분은 개인^{Individual}이 보편성^{Universal}에 근거해서 행동할 수 있으며, 이 작용과 반작용의 산물이 원인과 결과로 드러난다는 것을 보았다. 그러므로 생각은 원인이고 삶에서 맞닥뜨리는 경험들은 결과라고 할 수 있다. 따라서 지금까지의 혹은 현재 마주하고 있는 조건들에 대해 불평하는 습관을 버려야 한다. 왜냐하면 당신은 그 조건들을 바꾸고 원하는 대로 만들 수 있는 능력이 있기 때문이다.

모든 실질적이고 영속적인 힘의 근원이 되는 정신적 자원을 실현하기 위해 노력해야 한다. 당신의 능력을 이해하고 목표에 매달린다면 어떤 정당한 목표도 성취할 수 있다는 사실을 깨달을 때까지 이 노력을 지속해야 한다. 생각과 욕구를 행동과 사건, 조건으로 실현하려는 노력 중에, 정신력은 목적을 이루고자 하는 의지에 많은 도움을 준다.

모든 생명 작용과 행동이 처음에는 의식적 사고에 의해 이루어지지만, 습관적인 행동은 자동적이 되고, 이를 제어하는 생각은 무의식^{잠재의식}의 영역으로 이관되게 된다. 하지만 이 또한 매우 지능적인 과정이다. 이 행동들이 자동적 혹은 무의식적이 됨으로써, 자의식은 다른 것들에 신경 쓸 여력이 생기게 되는 것이다. 하지만 이 새로운 행동들도 순서대로 습관이 되고, 그 후에는 자동적, 그리고 무의식적이 되어서, 정신이 세부 사항으로부터 자유로워져서 다른 행동으로 옮겨갈 수 있게 된다. 이 과정을 깨닫게 되면, 삶에서 일어날 수 있는 어떤 상황도 다룰 수 있는 능력의 근원을 찾은 거나 다름없다.

01

의식과 잠재의식이 상호작용하기 위해서는 각각에 상응하는 신경계 사이의 유사한 상호작용이 일어나야 한다. 트로워드 판사는 이 상호작용이 발생하는 멋진 방법을 다음과 같이 제안한다.

"뇌척추계는 의식의 기관이고, 교감 신경계는 무의식의 기관이다. 뇌척추는 우리가 신체 감각을 의식적으로 감지하고 신체 움직임을 제어하는 통로이다. 이 신경계의 중심은 뇌이다."

02

교감 신경계는 태양신경총 Solar Plexus 으로 알려진, 위 뒤쪽 신경절 덩어리가 중심으로, 신체의 중요한 기능을 지탱하는 무의식적 작용의 통로이다.

03

이 두 신경계는 미주신경에 의해 연결되는데, 이는 자율계의 일부로서 뇌영역에서 흉곽으로 나가며, 심장과 폐에도 가지를 보내고, 최종적으로 횡경막을 통과하면서 외피막을 잃고 교감 신경계의 신경과 동일시된다. 이렇게 두 신경계의 연결 고리가 되면서 인간을 "단일실체single entity"로 만들게 된다.

04

앞서, 의식의 기관인 뇌에 의해 모든 생각이 받아들여진다는 사실을 보았다. 여기에서 추리력이 생겨난다. 객관적 정신이 생각이 참이라고 만족할 때, 그 생각은 주관적 정신의 뇌인 태양신경총으로 보내어져서, 우리의 육체로 만들어지고 세상에 현실로 드러나게 된다. 그러면 그것은 더는 어떤 논쟁거리도 되지 않는다. 잠재의식은 논쟁할 수 없다. 단지 행동할 뿐이다. 그것은 객관적 정신이 내린 결론을 최종적인 것으로 받아들인다.

05

태양신경총은 신체의 태양으로 비유됐는데, 신체가 끊임없이 생성하는 에너지를 배분하는 중심점이기 때문이다. 이 에너지는 매우 실질적인 에너지이고, 태양도 매우 실질적인 태양이다. 그리고 매우 실질적인 신경을 통해 에너지가 배분되고, 신체를 감싸는 대기로 방출된다.

06

이때 방사되는 에너지가 매우 강하면, 그 사람에게 "자성"이 있다고 한다. 사람을 끄는 자성으로 가득 차 있다고 한다. 그런 사람은 영원토록 엄청난 능력을 행사할 수 있다. 그가 있는 것만으로도 그가 만나는 사람들의 빈곤한 마음에 평안을 줄 수가 있을 것이다.

07

태양신경총이 활발하게 작동하고, 생명과 에너지, 활력을 신체 각 부분과 만나는 모든 사람에게 뿜어낼 때 즐거움을 느끼고, 신체는 건강해지며, 만나는 모든 사람이 즐거움을 느끼게 된다.

08

이 에너지가 뿜어져 나가는 과정에 문제가 생기게 되면, 기분이 좋지 않게 되고, 신체로 흘러나가는 생명과 에너지의 공급이 중단되는데, 이는 인류의 신체적, 정신적, 그리고 환경적인 모든 질병의 근원이 된다.

09

신체의 태양이 몸 일부분에 활력을 불어넣을 에너지를 충분히 생성하지 못하기 때문에 몸에 질병이 생기고, 의식이 생각을 지탱하기에 필요한 활력을 잠재의식으로부터 받아야 하는데, 그렇지 못하니 정신적 질병이 생기고, 잠재의식과 보편적 정신 간의 연결이 흐트러지니 환경적 질병이 생기게 된다.

10

태양신경총에서는, 부분과 전체가 만나고, 유한한 것이 무한한 것이 되며, 파괴된 것이 창조되고, 보편적인 것이 개별화되며, 보이지 않는 것이 보이는 것이 된다. 이 지점에서 생명이 나타나게 되고, 개인은 태양신경총을 통해 무한한 수의 생명을 생성할 수 있다.

11

이 에너지의 중심은 모든 생명과 지성이 만나는 지점이기에 전지전능하다. 그러기에 달성하도록 지시받은 목표는 무엇이든 달성할 수 있고, 바로 여기에 의식의 힘이 개입된다. 잠재의식은 의식이 제안하는 계획과 아이디어만을 이행할 수 있고 이행할 것이다.

12

그렇다면, 의식적 사고는 온몸의 생명과 에너지가 흘러나가는 태양 중심의 주인이고, 우리가 흔히 하는 생각의 질에 따라 이 태양이 발산하는 생각의 질이 결정되며, 우리의 의식이 흔히 하는 생각의 특징에 따라 이 태양이 발산하는 생각의 특징이 결정된다. 또한 우리의 의식이 흔히 하는 생각의 본성에 따라 이 태양이 발산하는 생각의 본성이 결정되며, 그 결과로 얻어지는 경험의 종류에도 영향을 미친다.

13

그러므로 우리는 자신의 빛을 드러내기만 하면 된다. 더 많은 에너지를 발산할수록, 더 빠르게 달갑지 않은 조건을 기쁨과 이익의 원천으로 바꿀 수 있는 능력을 얻게 된다. 이제 중요한 문제는 어떻게 이 빛을 드러나게 하는가, 어떻게 이 에너지를 만들어 낼 것인가 하는 것이다.

14

비저항적인 생각non-resistant thought은 태양신경총을 확장시키고, 저항적인 생각resistant thought은 축소시킨다. 즐거운 생각은 태양신경총을 확장시키고, 불쾌한 생각은 축소시킨다. 용기, 힘, 확신과 희망의 생각들은 그에 상응하는 상태로 이끌지만, 빛이 드러나게 하기 전에 반드시 파괴해야 하는, 태양신경총의 최대의 적은 두려움이다. 두려움은 완전히 파괴하고 제거해야 한다. 영원히 추방되어야 한다. 두려움은 끊임없는 우울

함을 가져오는, 태양을 가리는 구름과 같은 존재이다.

15

이 악마로 인해 인간은 과거와 현재, 미래를 두려워하게 된다. 자신과 친구들, 적들을 두려워하며, 모든 것과 모든 이들을 두려워하게 된다. 두려움이 완전히 제거되면, 당신의 빛이 드러나게 되며, 구름이 흩어지고, 당신은 힘과 에너지, 생명의 근원을 찾게 될 것이다.

16

자신이 무한한 능력과 하나라는 것을 알게 될 때, 그리고 사고 능력을 통해 어떤 역경도 극복할 수 있는 능력을 실질적으로 내보임으로써 이 무한한 능력을 의식적으로 깨닫게 될 때, 당신은 두려울 게 없어진다. 두려움은 파괴되고 당신은 타고난 권리를 행사하게 될 것이다.

17

우리의 맞닥뜨리게 될 경험은 우리의 삶에 대한 태도로 결정된다. 기대하는 바가 없다면 얻어지는 것도 없다. 요구하는 바가 많다면 얻어지는 몫도 크다. 세상이 가혹하다고 느껴지는 이유는 자기 몫을 주장하지 않기 때문이다. 세상의 비판이 가혹하다고 느끼는 것은 스스로의 생각을 위한 자리를 마련하지 않았기 때문이다. 이런 비판에 대한 두려움 때문에 많은 아이디어가 빛을 발하지 못하고 스러지고 만다.

18

하지만 스스로에게 태양신경총Solar Plexus이 있다는 것을 아는 사람은 비판이나 다른 어떤 것도 두려워하지 않을 것이다. 그는 용기와 확신,

능력을 발산하느라 여념이 없을 것이고, 성공을 확신하는 정신 태도를 갖출 것이고, 장벽을 산산조각 내고, 두려움으로 인해 도중에 생겨나는 의심과 주저함이라는 틈을 뛰어넘을 것이다.

19

의식적으로 건강과 강인함, 조화로움을 발산할 수 있다는 사실을 알게 되면, 두려운 것이 없다는 것을 깨닫게 된다. 우리는 무한한 힘Infinite Strength과 맞닿아 있기 때문이다.

20

이 사실을 알려면 이 정보를 실제로 적용해 보아야 한다. 우리는 시도해 봄으로써 배운다. 연습을 통해 운동선수가 강인해지는 것과 마찬가지이다.

21

다음에 이어지는 내용이 매우 중요하기 때문에, 여러분들이 그 중요성을 완전히 깨달을 수 있도록, 여러 방법으로 언급해 보고자 한다. 당신이 종교적 경향이 강하다면, 빛을 드러내라고 말하겠다. 물질과학 쪽으로 기울어진 가치관을 따르고 있다면, 태양신경총Solar Plexus을 깨우라고 하겠다. 또는, 엄격한 과학적인 해석만을 선호한다면, 잠재의식에 각인할 수 있다고 말하겠다.

22

이렇게 각인했을 때 어떤 결과가 나타나는지 이미 이야기했다. 우리는 잠재의식이 지능과 창조력을 가지고 있고, 의식이 하고자 하는 바에 반응한다는 것을 배웠다. 그렇다면 원하는 인상을 심어주는 가장 자연스러운 방법은 무엇일까? 당신이 원하는 대상에 정신을 집중하는 일이다. 집중할 때 당신은 잠재의식에 각인시키고 있는 것이나 다름없다.

23

이것이 유일한 방법은 아니지만, 단순하고 효과적이며 가장 직접적인 방법이고, 결국 가장 좋은 결과를 확신하는 방법이다. 이 방법을 통해서 얻어지는 결과는 너무도 놀라워서 많은 이들이 기적이 일어났다고 믿고는 한다.

24

이 방법을 통해 모든 위대한 발명가와 금융가, 정치인들이 욕망과 믿음, 확신이라는 미묘하고 눈에 보이지 않는 힘을 객관적 세계에서 실제적이고 구체적인 사실로 바꿀 수 있었다.

25

잠재의식은 보편적 정식의 일부분이다. 보편성은 우주의 창조 원칙이고, 부분은 그 종류와 질에 있어서 전체와 같아야 한다. 이는 이 창조력이 무한한 것임을 의미한다. 어떤 유의 선례precedent에도 제약받지 않으며, 결과적으로 그 구성 원칙을 적용하는 기존의 패턴도 없다.

26

우리는 잠재의식이 의식에 반응한다는 사실을 살펴보았는데, 이에 따르면 보편적 정신의 무한한 창조력은 개인의 의식이 제약할 수 있는 것이라 할 수 있다.

앞으로 제시할 훈련의 내용에 따라 이 원칙을 실천적으로 적용할 때, 무의식이 원하는 결과를 도출하는 방법을 요약해서 설명할 필요는 없다는 것을 기억해야 한다. 유한한 존재는 무한의 존재에게 가르칠 수 없다. 단순히 원하는 것을 이야기할 뿐, 어떻게 그것을 얻을 것인가는 얘기할 필요가 없다.

나누어지지 않은 것이 나누어지는 통로이고, 이 나누어지는 과정은 유용appropriation 과정을 통해 이루어진다. 인식함으로써 원인을 작동시키기만 하면 당신이 원하는 결과를 도출하게 된다. 이것이 가능한 이유는, 보편적 정신은 개인을 통해서만 행동할 수 있으며, 개인 또한 보편적 정신을 통해서만 행동할 수 있기 때문이다. 다시 말해, 그 둘은 하나나 다름없다.

이번 장*의 연습 활동으로, 여러분에게 한 걸음 더 나아가길 권고한다. 이번에는 움직임을 멈추고 가능한 한 모든 생각을 차단할 뿐 아니라, 긴장을 늦추고 편안함을 유지하며 근육을 이완시키도록 하라. 이렇게 함으로써 신경의 모든 압박을 제거하고 종종 몸을 피곤하게 만드는 긴장을 제거할 수 있다.

30

신체적 긴장 완화는 의지에 의한 자발적 운동이고 매우 효과가 크다는 것을 알게 될 것이다. 왜냐하면 이 운동은 혈액이 뇌와 몸으로부터, 그리고 뇌와 몸으로 자유롭게 순환하도록 해주기 때문이다.

31

긴장감이 생기면 정신적으로 불안해지고 비정상적인 정신 활동을 초래한다. 걱정과 근심, 두려움, 불안이 생겨난다. 그러므로 정신 작용이 최대한 자유롭게 이루어지기 위해서 긴장 완화는 절대적으로 필요하다.

32

되도록 철저하고 완벽하게 연습하라. 모든 근육과 신경의 긴장을 이완하겠다고 마음속으로 결심하라. 고요하고 편안함을 느끼며, 자기 자신은 물론 세상과도 조화를 이루고 있다고 느낄 때까지 계속하라.

33

이제 태양신경총이 작용할 준비가 되었을 것이다. 그리고 당신은 그 결과에 깜짝 놀라게 될 것이다.

질문과 대답

▸ 의식의 기관이 되는 것은 어떤 신경계인가?

중추 신경계

▸ 잠재의식의 기관이 되는 것은 어떤 신경계인가?

교감 신경계

▸ 몸이 끊임없이 생성하는 에너지를 배분하는 중심은 무엇인가?

태양신경총

▸ 이렇게 에너지가 배분되는데 장애가 생기게 되는 원인은 무엇인가?

저항적이고, 비판적이며, 조화롭지 못한 생각, 특히 두려움 때문이다.

▸ 이렇게 에너지 배분에 장애가 생기게 되면 어떤 결과가 생겨나는가?

인류가 고통받는 모든 종류의 질병이 생겨난다.

▸ 이 에너지를 제어하고 지휘하는 방법은 무엇인가?

의식적인 생각을 통해서

▸ 두려움을 완전히 제거하는 방법은 무엇인가?
  모든 힘의 참된 근원을 이해하고 인식함으로써

▸ 우리가 인생에서 맞닥뜨리는 경험을 결정하는 것은 무엇인가?
  주된 마음가짐

▸ 태양신경총을 깨우는 방법은 무엇인가?
  우리 인생에서 실현되길 바라는 조건에 정신을 집중하는 것

▸ 우주의 창조 원칙은 무엇인가?
  보편적 정신

P A R T 4

이제 4부를 시작한다. 이 장^章에서는 당신의 생각과 행동, 감정이 어떻게 당신의 정체성을 표현하게 되는지 보여줄 것이다. 생각은 에너지이고 에너지는 힘이다. 여태껏 세상에 있던 종교, 과학, 철학이 에너지 자체가 아닌, 에너지의 현시^{manifestation}에 기초해서 발달했기 때문에, 세상은 결과에만 집중하고 원인은 무시되거나 오해되어 왔다

종교에 하나님과 악마가 있고, 과학에 긍정과 부정이 있고, 철학에 선과 악이 있는 것은 이런 이유이다. 하지만 마스터키는 이 과정을 뒤집어, 원인에만 관심을 가진다. 독자들로부터 온 편지에는 놀라운 이야기들이 적혀 있는데, 모두 확신 있게 말하는 것은, 건강, 조화, 풍요, 그리고 자신의 복지와 행복을 위해 필요한 것이라면 뭐든지 얻을 수 있는 비결^{원인}을 찾게 되었다고 말한다.

삶은 표현하는 것이고, 우리는 스스로를 조화롭고 건설적인 방향으로 표현해야 한다. 슬픔, 고통, 불행, 질병과 가난은 삶에 필요 없는 것으로 우리가 지속해서 제거하고자 하는 것들이다. 그러나 이런 제거의 과정을 위해서는 어떤 종류의 한계도 다 극복하고 뛰어넘어야 한다. 순수하고 강인한 사고를 하는 사람이라면 작은 일에 연연하지 않을 것이고, 풍요의 법칙을 이해하게 된 사람은 그 풍요함의 근원으로 곧장 달려갈 것이다. 그러므로 운명은, 선장이 배를 제어하듯이, 혹은 기관사가 기차를 제어하듯이 쉽게 제어될 수 있다고 하겠다.

01

당신이 "나"라고 부르는 실체는 육체적 몸이 아니다. 신체는 "내"가
목적을 달성하기 위해서 사용하는 도구일 뿐이다. "나"는 정신도 아니
다. 정신은 "내"가 생각하고 판단하고 계획을 짜기 위해 사용하는 또
하나의 도구일 뿐이기 때문이다.

02

"나"는 몸과 정신을 모두 지배한다. 몸과 정신이 무엇을 해야 하는
지, 또 어떻게 행동해야 하는지를 결정하는 역할을 한다. 이 "나"의 참
된 속성을 깨닫게 될 때, 이전에는 알지 못했던 자신의 능력을 깨닫게
될 것이다.

03

당신의 성격은 셀 수 없이 많은 각각의 특징과 특이성, 습관 그리고
기질적 특질들에 의해서 형성된다. 그런데 이런 구성 요소들은 기존의

사고방식에 의해 형성된 것으로, 진정한 의미에서의 "나"와는 거리가 멀다.

04

당신이 "내가 생각하기에"라고 말할 때, "나"는 정신^{mind}에게 무엇을 생각해야 하는지 말해준다. "나는 간다."라고 말할 때, "나"는 몸에게 어디로 가야 할지를 얘기해 준다. "나"의 참된 속성은 영적이고^{spiritual}, 이런 "나"로부터 자신의 참된 속성을 깨달은 자만이 얻게 되는 진정한 능력이 나오게 된다.

05

"내"가 가진 가장 위대하고 놀라운 능력은 생각하는 능력이다. 그러나 건설적이고 올바르게 생각할 줄 아는 사람들은 거의 없다. 그러므로, 별 의미 없는 결과만을 얻게 된다. 대부분 사람의 생각은 이기적인 목적에서 벗어나지 못하는데, 이는 유아기적 정신에서 나오는 필연적인 결과이다. 정신이 성숙해지면, 패배를 가져오는 세균이 모든 이기적인 생각에 기생하고 있음을 알게 된다.

06

훈련된 정신을 지닌 사람은 모든 거래는 관련된 당사자들에게 이익을 가져와야 함을 안다. 다른 사람의 약점이나 무지, 필요를 악용해서 이익을 취하려고 하면 반드시 스스로 불리하게 작용하게 되어 있다.

07

그 이유는 개인은 보편적 정신의 일원이기 때문이다. 부분은 다른 부분을 적대시할 수 없다. 오히려 그 반대로, 각 부분의 행복은 전체의 이익을 고려할 때만 얻어질 수 있다.

08

이 원칙을 인식하는 사람들은 인생사를 해결하는 데 매우 유리한 위치에 있게 된다. 그들은 쓸데없이 자신을 지치게 만들지 않는다. 번잡한 생각들도 쉽게 없앨 수 있다. 어떤 일에 고도로 집중하기가 쉽다. 그들은 자신에게 어떤 이득도 없는 일에 시간과 돈을 낭비하지 않는다.

09

당신이 이렇게 할 수 없는 이유는 이제까지 그렇게 되는 데 필요한 노력을 하지 않기 때문이다. 지금이야말로 노력을 기울일 때다. 얻어지는 결과는 쏟아부은 노력에 정확히 비례할 것이다. 어떤 일에 대한 의지를 강화하고 그것을 이루어 낼 수 있는 능력을 일깨우기 위해 가장 확실한 자기암시는 "나는 내가 의지하는 대로 될 수 있다."이다.

10

이 자기암시를 반복할 때마다 "내"가 누구이며 무엇인지 깨닫도록 하라. "나"의 참된 속성을 완전히 깨달아야 한다. 그렇게 하면, 당신은 천하무적이 될 것이다. 만일 당신의 목적과 목표가 건설적이며, 그렇기에 우주의 창조 원칙과 조화를 이루고 있다면 말이다.

11

이 자기암시를 사용할 때, 꾸준히 아침저녁으로, 그리고 낮에도 생각날 때마다 말하도록 하라. 그것이 당신의 일부가 될 때까지 계속하라.

습관이 되도록 만들어라.

<h2 style="text-align:center">12</h2>

이렇게 하지 않을 바에는 시작도 하지 않는 편이 낫다. 왜냐하면, 현대 심리학에서 말하듯이, 우리가 어떤 일을 시작하고 끝맺지 않을 때, 혹은 결심하고 지키지 않을 때, 우리는 실패를 습관화하는 것이기 때문이다. 완전히 수치스러운 실패 말이다. 할 생각이 없다면 시작도 하지 말라. 일단 시작하면, 하늘이 무너져도 끝장을 보아야 한다. 어떤 일을 하기로 마음먹으면 해내야 한다. 무엇도, 그 누구도 방해하지 못하게 하라. 당신 안의 "내"가 결심했다면 이미 끝난 거나 다름없다. 주사위는 던져졌다. 더는 논쟁할 가치도 없다.

<h2 style="text-align:center">13</h2>

이 생각을 행동으로 옮기되, 제어할 수 있는 작은 일에서 시작해서 점차로 시도의 폭을 넓히면서, 어떤 상황에서도 "나"의 의지를 꺾지 않는다면, 당신은 마침내 스스로 제어할 수 있게 되었음을 알게 될 것이다. 애석하게도 많은 사람이 스스로를 제어하는 것보다 차라리 왕국을 다스리기가 더 쉽다고 느끼곤 한다.

<h2 style="text-align:center">14</h2>

하지만 스스로를 제어할 수 있게 되었을 때, 당신은 외부 세계World Without를 다스리는 "내면세계World Within"를 발견할 것이다. 당신은 거부할 수 없는 매력을 가지게 될 것이다. 당신이 특별히 노력을 기울이지 않아도 사람들과 일이 당신이 원하는 대로 흘러갈 것이다.

이 말이 이상하고 불가능하게 들릴지라도 실은 그렇지 않다. "내면세계"는 "나"에 의해서 제어되고, 이 "나"는 보편적 에너지 혹은 영혼이라고 불리는 무한의 "나"Infinite 'I'의 일부이거나 하나이기 때문이다. 흔히 신God이라고 불리는 존재이다.

이는 단순히 생각을 확증하고 성립하기 위한 선언문이나 이론이 아니다. 이미 최고의 종교 사상이나 과학 사조에서도 받아들여져 왔던 사실이다.

허버트 스펜더Herbert Spender는 다음과 같이 말했다.

"우리를 둘러싼 미스터리 중 가장 확실한 사실은, 만물의 근원이 되는 무한하고 영원한 에너지Infinite and Eternal Energe가 우리와 늘 함께한다는 것이다."

뱅고어 신학교 동창들 앞에서 라이먼 애벗Lyman Abbott은 다음과 같이 연설했다.

"우리는 점점 하나님을 외부에서 사람을 움직이시는 분이라기보다는, 사람 안에 거하시는 분으로 인식하고 있다."

이 길을 찾아 나가는 데 있어서 과학이 조금은 도움이 되기도 한다.

과학이 상존하는 영원한 에너지$^{Eternal\ Energy}$를 발견하는 반면, 종교는 이 에너지 배후에 존재하는 힘을 발견하고 그 힘을 사람의 내면에서 찾는다. 하지만 이는 절대 새로운 발견이 아니다. 성경도 지극히 평범하고 설득력 있는 말로 정확히 같은 이야기를 하고 있다.

"너희는 너희가 살아계신 하나님의 성전인 것을 알지 못하느냐?"

그렇다면, 바로 여기에서 "내면세계$^{World\ Within}$"의 놀라운 창조력의 비밀을 볼 수 있다.

20

능력과 지배력의 비밀이 바로 여기 있다. 물질을 극복한다는 것은 물질 없이 지낸다는 뜻이 아니다. 자기 부정$^{self-denial}$은 성공이 아니다. 받은 것이 없다면 줄 수 없다. 힘이 없다면 도울 수 없다. 무한의 존재$^{the\ Infinite}$는 빈털터리가 아니며, 무한 능력의 대리인인 우리도 빈털터리가 될 수 없다. 다른 이를 돕고 싶다면 더 큰 힘이 있어야 하는데, 힘을 얻으려면 다른 이에게 힘을 주어야 한다. 남을 도와야 하는 것이다.

21

주면 줄수록 더 많이 받게 된다. 우리는 보편적 존재$^{the\ Universal}$가 일하는 통로가 되어야 한다. 보편적 존재는 끊임없이 스스로를 드러내고 돕고자 하며, 가장 위대한 일을 하고, 최고의 선을 행하며, 인류에게 가장 큰 도움을 줄 수 있는 통로를 찾고 있다.

22

당신이 자신의 계획과 목표에 사로잡혀 있다면, 보편적 존재는 당신을 통해 자신을 드러낼 수 없다. 감각을 가라앉히고, 영감을 찾으며, 정신 활동을 내면에 집중하며, 전능자^{the Omnipotence}와 하나 됨을 느껴라. "깊은 물은 고요히 흐른다."라는 격언이 있다. 무소 부재한 힘^{Omnipresence of power}에 둘러싸여, 영적으로 접근할 수 있는 무수히 많은 기회를 깊이 묵상해 보라.

23

이 영적인 연결 고리들을 이용해 드러내 보일 수 있는 사건이나 환경, 조건들을 눈앞에 그려보라. 만물의 본질과 정신은 영적인 속성을 지니고 있으며, 영적인 것은 실재한다. 존재하는 모든 것의 생명이 영적이기 때문이다. 영이 사라지면 생명이 사라지고, 죽은 것이나 다름없다. 존재가 사라진 것이다.

24

이런 정신 작용은 원인^{cause}의 세계인 내면세계^{the world within}, 그리고 결과^{effect}가 되는 조건과 환경과 관련이 있다. 그러므로 당신은 창조주^{creator}가 된다. 더 고귀하고 위대하고 고상한 이상을 품을수록 이 정신작용은 더 중요한 일이 된다.

25

일이든 노는 것이든 운동이든 지나치면 정신적인 무관심과 침체를 불러일으키게 되는데, 이럴 때 정신 능력을 자각하게 하는 더 중요한 일들을 할 수 없게 된다. 그러므로 우리는 자주 침묵^{the Silence}의 상태를 경험할 필요가 있다. 힘^{power}은 쉼^{repose}으로부터 나오며, 침묵 속에서만이 우리는 잠잠할 수 있다. 우리가 잠잠할 때 생각할 수 있게 되는데, 이런 생각^{thought}은 모든 것을 성취하는 비결이다.

26

사고^{thought}는 하나의 행동 방식이며, 빛이나 전기처럼 진동의 법칙에 따라 이루어진다. 감정은 사랑의 법칙을 통해 생각에 생명력을 부여하고, 성장의 법칙을 따라 생각이 형성되고 표현된다. 생각은 영적인 "나"의 산물이며, 그러므로, 신성하고 영적이며 창조적인 성질을 지닌다.

이렇게 볼 때, 능력이나 풍요, 혹은 다른 건설적인 목표를 내세우기 위해서는, 감정을 불러일으켜서 생각에 느낌을 담아 생각을 구체화해야 한다. 이 목표를 어떻게 달성할 것인가? 이는 매우 중요한 문제이다. 어떻게 믿음과 용기, 감정을 계발해서 목표를 이루어 낼 것인가?

해답은 훈련에 있다. 정신력을 키우는 방법은 체력을 키우는 방법과 같다. 훈련을 통해서 가능하다. 우리가 어떤 생각을 할 때, 처음에는 힘들게 생각될 수 있다. 같은 생각을 다시 하면, 이번에는 좀 더 쉽게 느껴진다. 이 생각을 반복적으로 하다 보면 이제는 정신적인 습관처럼 되어 버린다. 같은 생각 반복하기를 계속하다 보면, 마침내 생각이 자동적이 되어 버린다. 더는 생각을 하지 않으려 해도 안 할 수가 없다. 이제는 생각이 긍정적으로 되어서, 더는 아무런 의심도 없다. 확신에 차게 되고, 알게 된다.

29

지난 장^章에서 나는 여러분에게 몸의 긴장을 풀고 이완하라고 말했다. 이번 장^章에서는 정신적으로 긴장을 풀 것을 권고한다. 지난 장에서 소개된 훈련을 지시대로 하루에 15~20분간 수행했다면, 이제는 분명 몸의 긴장을 풀 수 있을 것이며, 의식적으로 신속하고 완전히 이를 해낼 수 없다면 자기 자신의 주인^{master}이라고 말할 수 없다. 그는 자유롭지 못한 상태이며, 아직도 환경의 노예^{slave to conditions}인 것이다. 하지만 나는 여러분이 이 방법을 터득했으며, 다음 단계인 정신적 자유^{mental freedom}로 한 걸음 더 나아갈 준비가 되었다고 여기겠다.

30

이번에는, 평소대로 자세를 잡은 후, 긴장을 완전히 풀고, 증오, 분노, 걱정, 질투, 시기심, 슬픔, 곤란함, 실망 등 정신을 어지럽게 하는 모든 역조건들을 떠나보내라.

31

이런 것들을 "떠나보내기^{let go}"가 힘들다고 말할 수도 있겠으나, 할 수 있다. 자발적 의지와 끈기를 가지고 마음속으로 결심하면 가능하다.

32

사람들이 이것이 불가능하다고 여기는 이유는 그들이 지성이 아닌 감정에 의해 통제되고 있기 때문이다. 하지만 지성에 의해 인도되는 사람들은 성공할 것이다. 첫 시도에서 성공하지 못할 수 있으나, 모든 일이 그러하듯이 훈련을 통해 점차 나아져서, 마침내는 이런 부정적이고 파괴적인 생각들을 무시하고 제거하며 완전히 파괴해버릴 수 있게 될 것이다. 이런 생각들은 모든 상상이 가능한 부정적인 조건들을 끊임없이 싹틔우는 씨앗과 같아서 제거되어야 한다.

질문과 대답

▶ 생각이란 무엇인가?

생각은 영적인 에너지이다.

▶ 사고^{thought}는 어떻게 이루어지는가?

진동의 법칙에 따라서

▶ 어떻게 생각에 생명력을 부여하는가?

사랑의 법칙에 따라서

▶ 생각은 어떻게 형성되는가?

성장의 법칙에 따라

▶ 생각이 창조적 힘을 얻는 비결은 무엇인가?

생각이 영적인 활동이라는 점.

▶ 믿음과 용기, 감정을 계발해서 목표를 이루어내려면 어떻게 해야 하는가?

우리의 영적인 본성을 깨달아야 한다.

▶ 능력^{Power}을 얻는 비결은 무엇인가?

　남을 돕는 것^{service}

▶ 그 이유는 무엇인가?

　우리가 주는 것을 얻게 되므로

▶ 침묵^{Silence}이란 무엇인가?

　신체적 고요함^{physical stillness}

▶ 이는 어떤 가치가 있는가?

　자기제어로 나아가는 첫걸음이다.

P A R T 5

　이제 5부를 시작한다. 이 부분을 잘 공부하고 나면, 상상할 수 있는 모든 힘과 사물, 사실이 정신 작용의 결과물이라는 사실을 알게 될 것이다. 정신 작용은 다시 말해 생각이고, 생각은 창조력을 지닌다. 인간은 이제 이전에 생각하지 못한 방식으로 생각하고 있다. 그러므로 현재를 창조력의 시대creative age라 부를 수 있으며, 생각하는 사람들은 그 노력에 합당한 풍성한 대우를 받고 있다.

　물질matter은 무능력하고 수동적이며 정체되어 있다. 정신mind은 힘과 에너지, 능력을 지니고 있다. 정신은 물질의 형태를 만들고 제어한다. 물질의 모든 모양은 이미 존재하는 어떤 생각이 형태로 표현된 것에 지나지 않는다. 하지만 생각이 마법을 부려 이런 변화가 일어나는 것은 아니다. 생각은 자연법칙을 따르고, 자연의 힘을 작동시키며, 자연의 에너지를 발산하고, 당신의 행동을 통해 드러나게 된다. 그리고 이러한 행동을 통해 주변의 친구와 친지에게 반응하게 되고, 마침내 주변 환경 전체에 반응을 보이게 되는 것이다.

　당신은 사고 능력이 있고, 생각은 창조력이 있기에, 당신은 원하는 것을 스스로 창조할 능력이 있다.

01

우리 정신 활동의 최소 90%는 잠재의식에서 일어난다. 따라서 이 정신적 능력을 이용하지 못하는 사람은 매우 좁은 한계 속에서 사는 셈이다.

02

우리가 잠재의식을 지시하는 방법을 알기만 하면, 우리는 잠재의식을 통해 어떤 문제도 해결할 수 있다. 잠재의식은 항상 작동하고 있다. 이 활동을 단지 수동적으로 받아들일 것인가, 아니면 의식적으로 그 과정을 지시할 것인가 하는 것만이 유일한 문제이다. 도달할 목표와 피해야 할 위험에 대한 비전을 가지고 있는가, 아니면 그냥 둥둥 떠다니듯 살 것인가?

03

정신이 신체 구석구석에 스며들어 있으며, 객관적인 혹은 주도적인 정신으로부터 나온 권위authority에 순종하거나 인상을 받을 수 있다는 사실을 이미 깨달았다.

04

몸에 스며들어 있는 정신은 대부분 유전^{heredity}의 결과이며, 이는 지난 세대의 모든 환경이 끊임없이 움직이면서 반응하는 생명력에 작용한 결과라 할 수 있다. 이 사실을 이해하게 되면, 성격상 바람직하지 못한 특질이 나타날 때 권위^{authority}를 이용할 수 있게 된다.

05

우리는 물려받은 모든 바람직한 성격을 의식적으로 이용하고, 바람직하지 못한 성격이 나타나지 못하도록 억누르거나 거부할 수 있다.

06

다시 말해, 몸에 스며든 이 정신은 유전적 경향의 산물일 뿐 아니라 우리가 셀 수 없이 많은 인상, 생각, 편견과 같은 생각들을 받아들이게 되는 가정, 직장, 사회 환경의 산물이기도 하다. 이 중 다수는 의견, 제안, 선언 등의 형태로 타인에게서 수용한 것들이며, 또 다른 다수는 자기 생각에 의한 산물이기도 하다. 어쨌거나 우리는 이들 대부분을 아무런 검토나 숙고의 과정 없이 받아들였다.

07

생각이 그럴듯하게 여겨지면, 의식이 이를 받아들여서 잠재의식에 넘겨주고, 거기에서 교감 신경계가 이를 받아서 넘겨 우리 몸을 구성하도록 한다. "말씀이 육신이 되었다."라는 말이 현실이 되는 셈이다.

08

그렇다면 이는 우리가 끊임없이 창조되고 재창조되는 방법이다. 오늘 우리의 모습은 과거 우리 생각의 결과이고, 우리의 미래는 오늘의 생각에 따라 결정될 것이다. 끌어당김의 법칙^{the Law of Attraction}이 우리에게 가져오는 것은 우리가 좋아해야 하는 것들이나 바라는 것들, 혹은 타인이 소유하고 있는 것들이 아니라, 의식적이든 무의식적이든 우리의 사고를 통해 만들어 낸 "우리 자신의 것^{our own}"이다. 안타깝게도, 많은 이들이 무의식적 과정을 통해 이를 만들어 내고 있다.

우리가 집을 짓는다고 가정한다면, 얼마나 심혈을 기울여 계획을 세우겠는가? 얼마나 세세한 것까지 연구하겠으며, 제일 좋은 자재^{material}를 사용하지 않겠는가? 하지만 우리는 정신의 집^{Mental Home}을 지을 때는 얼마나 부주의한지 모른다. 우리 삶에 들어오는 모든 것들이 이 정신의 집을 짓는 자재^{material}에 달렸다는 점에서 볼 때, 정신의 집^{Mental Home}은 물리적 집^{physical home}과 비교도 안 되게 중요한데도 말이다.

이러한 자재^{material}는 어떤 특징을 지니는가? 우리는 이것이 과거 우리 내면에 축적되고 잠재의식에 보관되어 온 인상^{impressions}의 결과물이라는 것을 안다. 만일 이것이 두려움, 걱정, 근심, 불안의 인상들이었다면, 그리고 절망적이고 부정적이며 의심하는 인상이었다면, 오늘날 우리가 짜깁는 자재들은 마찬가지로 부정적인 결^{texture}을 띨 것이다. 이런 것들은 아무 쓰임새 없이 곰팡이가 피고 썩은 자재와 같아서, 우리에게 더 많은 고통과 근심, 불안만을 가져다줄 것이다. 우리는 항상 이를 감추려고 하고, 적어도 아무 일 없는 듯 보이려 애쓰며 살아가게 될 것이다.

11

반대로 우리의 내면에 용감한 생각만을 쌓아두었다면, 낙관적이고 긍정적인 태도로 살며, 부정적인 생각은 즉시 쓰레기 더미로 던져 버리고 상종도 하지 않는다면, 그 결과는 어떻게 될까? 우리의 정신은 최고의 자재로 만들어지게 될 것이다. 원하는 자재는 무엇이든 짜서 만들 수 있고, 원하는 어떤 색상이든 사용할 수 있으며, 견고하고 단단해서 절대로 닳아 없어지지 않는 자재를 만들어 내게 될 것이다. 두려움도, 미래에 대한 불안도 없을 것이며, 감출 것이 없는 삶을 살게 될 것이다.

12

이는 심리학적인 사실이다. 이러한 사고 과정에 대한 이론이나 추측도 없으며, 비밀스러운 것도 없다. 사실, 이 사고 과정은 너무나 단순해서 누구나 이해할 수 있을 정도이다. 할 일이라고는 정신의 집을 청소하고, 이를 매일 반복하여 깨끗하게 유지하는 것뿐이다. 정신적, 도덕적, 신체적 청결은 삶에서 앞으로 나아가기 위해서 필수 불가결한 것이다.

13

이 정신의 집 청소를 마친 후 남은 자재들은 우리가 실현하고자 하는 이상이나 심상mental images을 만들어나가는데 적합한 재료가 된다.

14

주인을 기다리고 있는 멋진 부동산이 있다고 해 보자. 풍족한 작물을 내고, 시냇물이 흐르며, 멋진 나무가 있는 넓은 토지가 끊임없이 펼쳐지는 땅 말이다. 거기에는 넓고 쾌적한 저택도 있는데, 진귀한 그림이 걸려있고, 방대한 규모의 도서관이 있으며, 값비싼 장식품들이 걸려있을 뿐 아니라, 편의시설과 사치품으로 가득 차 있다. 이 집을 상속받으려면 상속권을 주장하기만 하면 된다. 그 집을 차지하고 사용하면 된다. 상속자는 반드시 그 집을 사용해야 하고, 썩게 내버려 두어서는 안 된다. 사용한다는 조건하에 소유하게 되는 것이기 때문이다. 집 관리에 소홀하게 되면 소유권을 잃게 된다.

15

정신mind과 영혼spirit의 영역에서, 실질적 능력practical power의 영역에서, 그 집은 당신의 것이다. 당신이 상속자이다! 상속권을 주장하고 소유해서, 그 집의 귀한 유산들을 사용할 권리가 있다. 상황을 다스리는 힘은 거기서 얻어지는 열매이고, 건강, 조화, 번영은 당신의 자산assets이 된다. 이로 인해 당신은 침착하고 평안해진다. 당신은 그 방대한 자원을 연구하고 수확하는 수고를 기울이기만 하면 된다. 당신이 잃을 것은 오직 당신의 한계와 노예근성, 나약함 뿐이다. 당신은 자기 존중self-honor의 옷을 입고, 제왕의 홀scepter을 들게 될 것이다.

16

이렇게 집을 얻기 위해서는 세 가지 과정을 거쳐야 한다. 그것을 진심으로 원해야 한다. 또, 그것에 대한 소유권을 주장해야 한다. 마지막으로, 그것을 반드시 가져야 한다.

17

유전heredity이라는 주제에 대해서는 이미 익숙할 것이다. 다윈, 헉슬리, 헤켈, 그리고 여타 과학자들은 유전이 점진적 창조에 수반되는 법칙이라는 사실에 관한 수없이 많은 증거를 수집해 왔다. 점진적 유전progressive heredity에 의해 인간은 직립보행을 하고, 움직일 힘, 소화 기관, 혈액순환, 신경의 힘과 근육의 힘, 뼈 구조, 그리고 여타 신체적 능력들을 갖추게 되었다. 정신력mind force의 유전에 관해서는 더 인상적인 사실들이 있다. 이 모든 것들이 합쳐져 유전 현상이라 불리는 것이 되는 것이다.

18

이 중에 과학자들이 밝혀내지 못한 유전이 있다. 그것은 그들의 모든 연구의 기저에 깔려 있으며, 이전부터 존재했던 것이다. 과학자들이 관찰한 사실을 이해하지 못하겠다고 절망하며 백기를 들 때, 이 신성한 유전은 온전히 발견된다.

19

그것은 태초의 창조를 명하는 온화한 힘이다. 이는 신성한 존재로부터 모든 피조물로 직접적으로 전해진다. 그것은 생명을 창조하는데, 이는 어떤 과학자도 해 본 적도, 할 수도 없는 일이다. 그것은 모든 능력 중에서 최고의 것으로 감히 가까이 갈 수 없다. 어떤 인간 유전도 이에 근접할 수 없으며, 이에 비교될 수 없다.

20

이 무한한 생명Infinite Life이 당신 안에 흐르고 있으며, 그 생명은 당신 자신이다. 그 생명으로 들어가는 문은 당신의 의식을 구성하고 있는 기능들 뿐이다. 능력을 얻는 비결^{Secret of Power}은 이 문들을 열어두는 데 있다. 노력할 만한 가치가 있다고 여겨지지 않는가?

21

중요한 사실은, 모든 생명과 능력은 내면^{within}으로부터 나온다는 것이다. 사람들과 상황, 사건들을 통해 무엇이 필요하고 어떤 기회가 있는지 알 수는 있지만, 이런 필요에 응할 통찰력과 힘, 능력은 내면에서 찾을 수 있다.

22

가짜^{counterfeits}를 피하라. 당신의 의식 기반을 무한한 근원^{Infinite source}으로부터 직접적으로 전해지는 힘에 두어라. 이 무한한 근원은 보편적 정신^{Universal Mind}이며, 우리는 그 형상을 따라 창조된 존재이다.

23

이런 유산을 손에 넣은 사람은 결코 이전과 같을 수 없다. 그들은 이제까지 꿈도 꿔보지 못한 능력을 갖추게 되었다. 그렇기에 이제는 더는 소심하거나 약하거나 망설이거나 두려워하지 않는다. 그들은 전능자와 불가분의 관계가 되었다. 이로 인해 그들 속의 무언가가 일깨워졌다. 갑자기 그들 내면에 여태까지 전혀 깨닫지 못하고 있던 엄청난 잠재력이 있음을 깨닫게 된 것이다.

24

이 능력은 내면으로부터 나오지만, 이 능력을 주지 않으면 받을 수 없다. 능력이라는 유산은 사용한다는 조건하에 주어진다. 우리는 전능자의 능력이 각각 다르게 형상화되는 통로일 뿐이다. 그러므로 능력을 주지 않으면, 이 통로는 막히게 되고 우리는 더는 능력을 받을 수 없게 된다. 이는 존재와 분야, 계층의 모든 면에서 항상 나타나는 사실이다. 줄수록 더 얻게 된다. 운동선수가 강해지고자 한다면, 자신이 가진 힘을 사용해야 한다. 사용할수록 더 힘을 얻게 된다. 자본가가 돈을 벌고자 한다면 돈을 사용해야 한다. 사용함으로써 돈을 더 벌 수 있기 때문이다.

25

상인이 물건을 계속 팔지 못하면 새로운 물건이 들어올 수 없다. 회사가 효율적인 서비스를 제공하지 못하면 금세 고객을 잃을 것이다. 변호사가 좋은 결과를 내지 못하면 의뢰인이 줄어들 것이다. 이 원리는 다른 분야에서도 마찬가지이다. 능력을 얻고 못 얻고는 이미 가지고 있는 능력을 적절히 사용하느냐에 달려있다. 모든 분야와 삶의 경험의 이러한 원리는 인간의 모든 능력의 근원인 영적 능력spiritual power에도 적용된다. 영혼이 없다는 남는 것이 무엇인가? 아무것도 없다.

26

이렇게 영혼이 전부라면, 이 사실을 깨달아야만 육체적이든 정신적이든 영적이든 간에 능력을 발휘할 수 있게 된다.

27

모든 소유는 금전적 의식, 혹은 돈을 축적하려는 태도에서 비롯된다. 이는 당신에게 아이디어를 주는 마법의 지팡이와도 같다. 당신이 실행해야 할 계획을 짜주기도 한다. 그리고 당신은 성취와 성공에 대한 만족감만큼이나, 실행 과정에서 기쁨도 느끼게 될 것이다.

28

이제, 방으로 가서, 같은 자리에 이전과 같은 자세로 앉아, 즐거운 생각이 떠오르는 장소를 머릿속에 떠올려 보라. 머릿속에 그곳을 완벽하게 그려보라. 건물과 땅, 나무, 친구와 지인들 등 모든 것을 완벽하게 말이다. 처음에는 당신이 집중하고 싶은 이상은 떠오르지 않고, 그 외의 온갖 잡다한 것들이 생각날 것이다. 그렇다고 실망하지 마라. 끈기를 가지고 노력하면 성공할 것이다. 그러나 그 전에 이 연습을 매일 빼먹지 않고 반복해야 한다.

질문과 대답

▸ 정신적 삶의 몇 퍼센트 정도가 잠재의식에서 이루어지는가?
최소 90%

▸ 이 방대한 정신의 저장창고는 충분히 활용되고 있는가?
아니다

▸ 활용되지 못하는 이유는 무엇인가?
잠재의식이 의식적으로 지시할 수 있는 활동이라는 것을 이해하거나
그 중요성을 인식하는 사람이 드물기 때문

▸ 의식conscious mind의 주된 성향은 어디에서 기인했는가?
유전으로부터. 즉, 과거 세대의 모든 환경의 결과물이다.

▸ 끌어당김의 법칙이 우리에게 가져오는 것은 무엇인가?
우리 자신의 것

▸ 우리 자신의 것our own이란 무엇인가?
우리의 타고난 모습이며, 의식 무의식적으로 우리가 과거에 했던 생각
의 결과이다.

▶ 우리가 정신의 집^{mental home}을 짓는데 사용하는 자재는 무엇으로 구성되는가?

우리가 흔히 하는 생각

▶ 능력의 비밀^{Secret of Power}은 무엇인가?

전능자의 무소 부재함을 인정하는 것

▶ 능력의 근원은 무엇인가?

모든 생명과 능력은 내면으로부터 나온다.

▶ 능력을 소유하는 데 있어서 조건은 무엇인가?

이미 가지고 있는 능력을 적절히 사용하는 것

P A R T 6

6부를 소개하게 되어 영광이다. 이번 장※에서는 이제까지 창조된 것 중 가장 놀라운 메커니즘에 대해서 자세히 설명하게 될 것이다. 건강, 힘, 성공, 번영 혹은 당신이 바라는 다른 어떤 조건이라도 스스로 만들어 낼 수 있는 메커니즘 말이다. 필요는 요구이고, 요구는 행동을 일으키며, 행동은 결과를 가져온다.

진화 과정으로 인해 우리의 내일이 오늘에 의해 지어져 나가고 있다. 보편적 발전Universal development 과 마찬가지로 개인의 발전Individual development 은 능력과 양에 있어서 점진적으로 증가되어야 한다. 우리가 타인의 권리를 침해할 때, 우리는 도덕적인 가시덤불 같은 존재가 되어 가는 길목마다 얽혀있게 된다. 이것을 알고 있는 우리는, 성공 여부는 높은 수준의 도덕적 이상에 달려있음을 알 수 있다. 즉, "최대 다수의 최대 행복"의 법칙이다.

열망, 욕망과 조화로운 관계를 지속해서 유지하면 원하는 결과를 얻게 된다. 잘못된 고정관념은 큰 방해가 된다. 불변의 진리에 다가가려면 내면의 균형과 조화를 유지해야 한다. 이는 정보를 얻기 위해서는 수신기가 발신기와 주파수가 맞아야 하는 것과 같은 원리이다.

생각thought 이 정신mind 의 산물이고, 정신이 창의력을 지닌다고 해서, 보편적 존재the Universal 가 우리나 우리의 생각에 맞추기 위해 절차와 방식을 바꿀 거라는 의미는 아니다. 우리가 보편적 존재와 조화를 이룰 수 있을 거라는 의미도 아니다. 하지만 우리가 이를 달성했을 때는, 우리의 권리를 당당히 요구할 수 있을 것이며, 모든 일이 순조로울 수 있다.

건설적 행동에 있어서 올바른 생각이 얼마나 중요한지를 절실히 깨달은 사람이라면 누구나 사람이 스스로를 바꿀 수 있고, 발전시킬 수 있으며, 재창조할 수 있고, 주변 환경을 제어할 수 있으며, 스스로의 운명을 개척할 수 있다는 결론에 도달하고 있다.

라슨 *Larson*

01

보편적 정신Universal Mind 은 너무나 놀라워서, 그 실용적인 힘과 가능성, 그리고 무한한 생산력을 가늠하기 힘들 정도이다.

02

우리는 이 정신이 매우 지능적intelligence 일 뿐 아니라 실체적substance 이기도 함을 알게 되었다. 그렇다면, 어떻게 이 정신이 다양한 형태로 나타나게 될 수 있을까? 우리가 바라는 결과를 확실히 얻기 위해서 어떻게 해야 하는가?

03

전기 기술자에게 전기의 효능을 묻는다면 그는 다음과 같이 대답할 것이다.

"전기는 움직임motion 의 한 형태이며, 전기의 효능은 그것이 연결되는 기계의 작동 원리에 따라 다르다."

이 작동 원리^{메커니즘}에 따라 우리는 열이나 빛, 동력, 음악, 혹은 다른 놀라운 형태로 힘^{power}이 작동되는 것을 보게 된다.

04

생각은 어떤 결과를 낳을 수 있는가? 이에 대답하자면, 생각은 마음의 움직임이며 ^{바람이 공기의 움직임이듯이}, 생각의 결과는 전적으로 "그것이 연결된 메커니즘"에 따라 결정된다고 하겠다.

05

그렇다면 정신력의 비밀은 여기에 있다. 그것은 우리가 활용하는 메커니즘에 따라 달라진다.

06

이 메커니즘이란 무엇인가? 에디슨, 벨, 마코니, 그리고 다른 전기의 귀재들이 만들어 낸 메커니즘에 대해서는 이미 알고 있을 것이다. 이들 덕분에 장소, 공간, 시간의 개념이 비유적인 것이 되었다. 하지만 보편적이고 전능한 잠재력을 변화시킬 수 있도록 당신에게 주어진 메커니즘이 에디슨보다 훨씬 위대한 존재에 의해 발명되었다는 사실을 생각해 본 적이 있는가?

07

우리는 흔히 땅을 경작하는 데 사용하는 도구나 운전하는 자동차의 메커니즘을 살피고 이해하고자 하지만, 우리 대부분은 '인간의 두뇌'라고 하는, 존재하는 가장 위대한 메커니즘에 대해서는 전혀 무지한 상태로 지낸다.

08

이 놀라운 메커니즘을 살펴보기로 하자. 아마도 그 과정에서 두뇌 메커니즘이 원인이 되는 다양한 결과에 대해 더 잘 이해하게 될지도 모른다.

09

우선, 우리가 생활하고 움직이고 존재하는 거대한 정신세계$^{mental world}$가 있다. 이 세계는 전지전능하며 무소 부재^{omnipresent}하다. 그것은 우리의 목표와 믿음에 정비례하여 우리의 소망에 반등할 것이다. 다시 말해, 정신은 창조적이고 건설적이며, 목표를 현실화할 수 있는 충분한 능력을 발휘하기 위해서는 믿음이 굳건해야 한다. "네 믿음대로 되리라."라는 성경 구절이 과학적인 검증을 받은 것이다.

10

우리가 외부 세계로 내어놓는 결과^{effects}는 개인이 보편적 존재와 작용, 반작용 한 결과이다. 우리는 이 과정을 생각하기라고 부른다. 뇌는 이 과정이 일어나는 기관이다. 얼마나 놀라운 일인가! 혹시 음악, 꽃, 문학의 애호가이거나, 고대 혹은 현대 천재들의 사상에서 영감을 받는가? 당신이 반응하는 모든 종류의 아름다움은 이미 당신의 머릿속에 그에 해당하는 개념이 있기에 감상할 수 있음을 기억하라.

11

자연이라는 보관창고에 뇌가 표현할 수 없는 가치나 원칙은 없다. 뇌는 미발달된 세계로 필요할 때 언제나 발달할 준비하고 있다. 이것이 과학적 사실이며 놀라운 자연법칙이라는 사실을 알게 되면, 이런 경이로운 결과가 얻어지는 메커니즘을 더 쉽게 이해할 수 있게 될 것이다.

12

신경계는 세포라는 건전지에서 힘^{force}이 생산된다는 점에서 전기 회로에 비유됐다. 그리고 백질$^{white\ matter}$은 전기가 전달되는 전선에 비유됐다. 이런 통로를 통해 모든 충동적 생각과 소망이 메커니즘 전체로 전달되는 것이다.

13

척수는 뇌에서 혹은 뇌로 정보가 전달되는 운동 및 감각 통로이다. 그다음으로, 정맥과 동맥으로 혈액이 공급되어 우리에게 새로운 에너지와 힘을 공급해 주는데, 이는 완벽하게 배열된 구조로 몸 전체의 기능에 매우 중요하다. 마지막으로, 메커니즘 전체를 감싸고 있는 섬세하고 아름다운 피부는 아름다운 덮개와도 같다.

14

그렇다면 이는 "살아계신 하나님의 성전"이 되고, 개개인의 "나"는 이를 제어할 수 있는 권한이 있다. 그리고 자신의 통제하에 있는 이 메커니즘을 얼마나 잘 이해하느냐에 따라 결과가 달라진다.

15

모든 생각은 뇌세포를 움직이게 한다. 처음에는 생각이 전달된 물질^{substance}이 반응하지 않지만, 생각이 충분히 정교화되고 집중되면, 물질은 마침내 굴복하고 전달받은 생각을 완벽하게 표현하기 시작한다.

16

이런 방법으로 정신은 신체 모든 부분에 영향을 미쳐서, 어떤 바람직하지 않은 결과라도 제거할 수 있다.

17

정신세계를 지배하는 법칙에 대해 완벽하게 이해하는 것은 사업상 거래에서 분명 큰 도움이 된다. 분별력을 키워주고 사실을 정확히 이해하고 파악하도록 해주기 때문이다.

18

외부 세계보다 내면세계에 집중하는 사람은 삶의 방향을 결정할 강력한 힘을 사용할 수 있게 되고, 가장 좋고 강하며 바람직한 모든 것들과 가까이 지내게 된다.

19

주의력attention 과 집중력concentration 은 아마도 마음을 경작하는 데 가장 필수 불가결한 것일 것이다. 적절한 곳에 주의를 기울였을 때, 그 가능성은 너무도 놀라워서 시도하지 않는 게 이상할 정도이다. 집중력을 키우는 일은 성공한 모든 이들의 뚜렷한 특징이며, 개인이 이룰 수 있는 가장 높은 성과이다.

20

집중력의 힘은 돋보기에 햇빛을 집중시켰을 때와 비교했을 때 잘 설명될 수 있다. 돋보기를 움직이거나 햇빛이 이리저리 움직이면 특별한 힘이 없다. 하지만 돋보기를 움직이지 않는 상태에서 햇빛이 특정 부분에 오랜 시간 집중되게 하면, 그 결과는 곧바로 눈에 띄게 될 것이다.

21

그러므로 생각하는 힘에 대해 이렇게 말할 수 있다. 생각을 이리저리로 흩트리면 생각의 힘은 사라지게 된다. 어떤 결과도 눈에 띄지 않는다. 하지만 주의력과 집중력을 동원해서 이 힘을 한 가지 목표에 오랜 시간 집중하게 되면, 어떤 일도 이루어 낼 수 있게 된다.

22

어떤 사람들은 이를 두고 매우 복잡한 상황에 대해서 너무 단순한 해결책을 내놓는다고 할 수도 있다. 좋다, 한번 시도해 봐라. 당신이 생각을 확고한 목표나 대상에 집중해 본 적이 없는 사람이라면 말이다. 대상을 한 가지 정해서 확고한 목표를 가지고 단 10분이라도 정신을 집중해 보라. 쉽지 않을 것이다. 정신이 열두 번도 더 흐트러져서, 다시 본래의 목표로 돌이켜야 할 것이다. 그럴 때마다 효과를 보지 못하고 10분 뒤에 얻어지는 것은 아무것도 없을 것이다. 생각을 차분하게 목표에 고정하지 못했기 때문이다.

23

주의를 집중함으로써, 당신이 삶을 전진해 나가는 데서 맞닥뜨리는 어떤 장애물이라도 마침내 극복할 수 있게 된다. 그리고 이 능력을 얻을 수 있는 유일한 방법은 연습을 통해서이다. 훈련이 완벽을 만든다. 이는 이것뿐 아니라 다른 모든 일에서도 마찬가지이다.

24

주의력을 기르기 위해서는, 사진 한 장을 가져와서 이제까지와 똑같은 방의 똑같은 자리에 똑같은 자세로 앉아라. 적어도 10분 동안 사진을 자세히 살펴보라. 눈의 표정과 이목구비 모양, 복장, 헤어스타일 등등에 주의하라. 사실, 사진상의 모든 세부 사항을 자세히 살펴보라. 이제, 사진을 덮고 눈을 감고 머릿속으로 사진 속의 모습을 그려보라. 모든 세부 사항을 완벽하게 그려낼 수 있고 사진 속 모습을 마음속에 잘 떠올릴 수 있다면, 축하받아 마땅하다. 그렇지 않다면, 해낼 수 있을 때까지 연습을 반복하라.

25

이번 단계는 단지 토양을 준비하는 것에 불과하다. 다음 장章에서는 씨를 뿌릴 준비를 하게 될 것이다

26

이런 연습을 통해서 마침내 감정과 태도, 의식을 제어할 수 있게 될 것이다.

27

훌륭한 자본가들은 점점 군중에게서 벗어나, 계획하고 생각하며 올바른 정신상태를 갖추기 위한 시간을 가지려 하고 있다.

28

성공한 사업가들은 다른 성공한 사업가들과 교류하며 생각을 나누는 것이 가치 있는 일이라는 것을 입증해 보인다.

29

어떤 생각은 수백만 달러의 가치를 지닐 수도 있다. 그리고 이런 생각

은 성공적인 사고방식을 가지고 받아들일 준비가 되어 있는 사람들에게만 다가온다.

30

사람들은 보편적 정신과 조화롭게 지내는 법을 배우고 있다. 만물의 일치 一致를 배우고 있다. 기본적 사고 방법과 원리를 배우고 있다. 그리고 이는 상황을 바꾸고 결과물을 배로 증가시키고 있다.

31

사람들은 상황과 환경이 정신적 영적 방향에 따라 바뀐다는 사실을 발견하고 있다. 지식에 의해 성장이 일어나며, 영감을 따라 행동이 일어나고, 인식하면 기회가 생긴다는 사실을 발견했다. 항상 영적인 변화가 먼저 일어나고, 그 뒤를 이어 무한한 성공의 가능성으로 이어진다.

32

개인은 보편성이 다양화되는 통로에 지나지 않기에, 이러한 가능성은 무한한 것일 수밖에 없다.

33

생각은 우리가 힘의 영 Spirit of Power 을 흡수하고, 그 결과가 익숙한 의식의 일부가 될 때까지 내면에 붙들어두는 과정이다. 이 책에서 언급된 것처럼, 몇 가지 기초적인 원칙들을 꾸준히 연습함으로써 결과를 얻는 방법은 보편적 진실 Universal Truth 의 창고 문을 여는 마스터키나 다름없다.

34

현재 인류의 고통을 일으키는 가장 큰 두 가지 원인은 몸의 질병과 정신적 불안감이다. 이 둘의 원인은 자연법칙의 위반에 있을 수 있다. 이는 여태껏 대부분 지식이 부분적인 것에만 머물렀기 때문이라는 데는 의심할 여지가 없다. 이제 오랜 세월 동안 쌓여온 어둠이 물러가고 있고 그와 함께 불완전한 정보로 인한 불행도 함께 사라지고 있다.

질문과 대답

▶ 전기에 의해 생산되는 결과물에는 어떤 것들이 있는가?
열, 빛, 전력, 음악

▶ 이 다양한 결과들은 무엇에 의존하는가?
전기가 활용되는 메커니즘

▶ 개인의 정신과 보편성과의 작용, 반작용으로 인한 결과는 무엇인가?
우리가 마주하게 되는 환경과 경험

▶ 이런 조건들은 어떻게 바꿀 수 있는가?
보편성이 다양한 형태로 분화되는 메커니즘을 바꿈으로써

▶ 이 메커니즘은 무엇인가?
뇌

▶ 이는 어떻게 바뀔 수 있는가?
사고라 불리는 과정을 통해서. 생각은 뇌세포를 만들어 내고, 이 뇌세포
들은 보편성에서 각각 해당하는 생각들에 반응한다.

▸ 집중력의 가치는 무엇인가?

개인이 달성할 수 있는 가장 높은 성취이며, 성공한 모든 사람에게서 뚜렷이 나타나는 특징이다.

▸ 집중력은 어떻게 얻어질 수 있는가?

이 시스템이 제시하는 연습을 충실하게 실행함으로써

▸ 왜 이것이 중요한가?

우리의 생각을 제어하도록 해주기 때문이다. 생각이 원인이라면 조건은 결과이며, 원인을 제어할 수 있다면 결과도 제어할 수 있게 된다.

▸ 객관적 세상objective world에서 상황을 바꾸고 결과를 배로 증대시키고 있는 것은 무엇인가?

사람들이 건설적 사고의 기본 방법을 배우고 있다는 사실이다.

PART 7

모든 시대를 거쳐 사람들은 보이지 않는 힘을 믿어왔다. 이 힘을 통해서, 그리고 그 힘으로, 만물이 창조되고 끊임없이 재창조된다고 믿었던 것이다. 이 힘을 의인화해서 하나님^{God}이라고 부르기도 하고, 어떤 본질^{essence} 혹은 만물에 스며 있는 영혼^{spirit}으로 여길 수도 있다. 어쨌거나 결과는 같다. 개인에게 있어서 객관적이고 전체적이며 가시적인 것은 인격적인^{personal} 영역이다. 감각으로 인식할 수 있는 것이다. 여기에는 몸, 뇌, 신경이 포함된다. 주관적인 것은 영적이고, 눈에 보이지 않으며, 비인격적인^{impersonal} 영역이다.

인격적인^{personal} 것은 인격적 실체이기에 의식을 하고 있다. 비인격적인 ^{impersonal} 것은, 다른 모든 존재와 종류와 질적으로 같기에, 스스로를 의식하지 못하며 그러므로 잠재의식^{subconscious}이라 불린다. 인격적, 혹은 의식적인 것은 의지가 있고 선택을 하며, 그래서 어려운 상황에서 해결책을 고를 때 식별할 수 있는 안목이 있다. 비인격적, 영적인 것은, 그 근원의 일부이자 일체이고 모든 능력의 근원이기에, 당연히 그런 선택을 할 수가 없다. 반대로 그는 마음대로 사용할 수 있는 무한한 자원이 있다. 그는 사람도 생각한 적 없는 방법으로 결과를 만들어 낼 수 있고 또 실제로 만들어 내기도 한다.

그러므로 여러분은, 비록 한계와 오해의 여지는 있지만, 인간의 의지에 기댈 수 있는 특권이 있기도 하고, 아니면 무의식에 기대어 무한한 잠재력을 사용할 수도 있다. 그렇다면 여기에 당신에게 주어진 놀라운 능력에 대한 과학적 설명이 있다고 하겠다. 당신이 이해하고 감사하며 인식하기만 한다면 마음대로 제어할 수 있는 능력 말이다. 이 전능한 능력을 의식적으로 사용할 수 있는 방법의 하나를 7부에서 요약해 보겠다.

01

심상^{mental image}을 만들어 내는 과정을 시각화^{visualization}라고 한다. 이 심상은 당신의 미래가 전개되는 데 있어 원형틀^{pattern}이나 모형처럼 작용하게 된다.

02

이 원형틀을 뚜렷하고 아름답게 만들어라. 두려워하지 말고, 웅장하게 만들어 내라. 당신을 한계짓는 것은 당신 자신뿐임을 기억해라. 당신에게 비용이나 재료의 제한은 없다. 무한의 존재^{the Infinite}에게서 공급받아 상상 속에서 원형을 만들어 내라. 상상 속에서 만들어진 후에야 다른 곳에서 나타날 수 있다.

03

심상을 뚜렷하고 분명하게 그려서, 마음속에 단단히 붙들어두어라. 그러면 점점 당신에게 가까워져 올 것이다. 당신은 "자신이 되고자 하는" 존재가 될 수 있다.

04

이것이 잘 알려진 심리학적 사실이긴 하지만, 안타깝게도 이에 대해 읽기만 한다고 해서 당신이 꿈꾸는 결과를 가져올 수는 없다. 심상을 그려내는 것에도 도움이 되지 않을뿐더러, 이를 실현하는 데는 말할 것도 없다. 실제로 노력해야 한다. 노동, 즉 강도 높은 정신적 노동이 필요한데, 이런 노력을 기울이는 사람들은 거의 없다.

05

이 노력의 첫 번째 단계는 이상화idealization이다. 이는 건축물의 설계도plan와 같으므로 가장 중요한 과정이다. 견고하고 영구적이어야 한다. 건축가는 30층짜리 건물을 지으려 할 때 모든 선과 세부 사항을 미리 도면에 그려놓는다. 기술자가 다리를 놓으려 할 때는 미리 수백만 개의 다른 부분들이 무게를 지탱할 힘이 충분한지부터 확인할 것이다.

06

이들이 일을 시작하기 전에 먼저 결과를 구상하듯이, 당신도 바라는 것을 마음속에서 먼저 그려봐야 한다. 당신이 씨를 뿌린다고 하면, 씨를 뿌리기 전에 수확물이 무엇인지 먼저 아는 것과 마찬가지이다. 이를 이상화idealization라고 한다. 아직 확실치 않다면, 매일 의자에 앉아서 바라는 것에 대한 그림picture이 뚜렷해질 때까지 연습해라. 점차로 그 모습을 드러낼 것이다. 처음에는 전체적인 설계가 희미하게 보이겠지만, 점점 형태가 갖춰지고, 윤곽과 세부 형태가 잡힐 것이다. 그리고 점차로 당신의 계획을 외부 세계에서 실현할 수 있는 능력이 생겨날 것이다.

당신의 미래가 어떻게 펼쳐질지 알게 될 것이다.

07

그다음 과정은 시각화visualization이다. 이제는 그림picture에 세부 사항을 더해서 더 완벽하게 만들어야 한다. 세부 사항이 드러나면서 이를 현실화하는 데 필요한 수단과 방법이 생겨날 것이다. 하나가 다른 하나로 이어지듯 일이 전개될 것이다. 생각은 행동으로 이어지고, 행동에서 방법이 생겨 나며, 방법은 친구를 찾아내고, 친구는 상황을 만들어 내며, 이는 마침 내 세 번째 단계인 물질화Materialization로 이끌게 된다.

08

우리는 모두 우주가 먼저 생각으로 존재한 후에 물질적으로 존재하 게 되었다는 사실을 이해하고 있다. 우리가 이 우주의 위대한 건축가의 선례를 따르고자 한다면, 우주가 구체적 형상을 취했던 대로 우리의 생 각들도 형상을 띠게 됨을 보게 될 것이다. 같은 정신이 개인을 통해 일 하고 있어야 한다. 종류나 질에 있어서 차이가 없고, 단지 정도의 차이 만 있을 뿐이다.

09

건축가는 자신이 지을 건축물을 시각화할 때, 자기가 원하는 형상을 그려낸다. 높거나 낮거나, 혹은 아름답거나 평범한 디자인이거나 간에, 그의 생각은 빌딩의 최종 모습이 만들어질 플라스틱 틀과 같은 역할을 한다. 그의 비전이 종이 위에서 형태를 갖추게 되고, 필요한 자재를 사 용해서 마침내 빌딩이 만들어지게 된다.

발명가도 똑같은 방법으로 자기 생각을 시각화한다. 예를 들어, 탁월한 지성을 갖춘, 시대를 통틀어 가장 위대한 발명가로 불리는 니콜라 테슬라^{Nicola Tesla}는 아주 놀라운 것들을 만들어 내곤 했는데, 그는 항상 자신이 발명품을 실제로 만들기 전에 시각화하곤 했다고 한다. 서둘러서 무언가를 만들어 내고, 나중에 문제점을 바로 잡느라 시간을 허비하지 않았다. 상상 속에서 먼저 아이디어를 세워본 후, 그것을 한동안 머릿속에서 심상으로 들고 지내면서 생각을 통해 재구성하고 향상시켰다. 전기 실험가라는 책에서 그는 다음과 같이 말했다.

"이런 방법을 통해 나는 실제 손대지 않고도 개념을 빠르게 발전시키고 완성할 수 있었다. 생각할 수 있는 모든 개선점을 보완하고 아무런 문제점도 찾을 수 없을 정도가 되었을 때야, 내 두뇌의 산물을 실체화하여 만들어 냈다. 내가 만들어 낸 발명품은 언제나 내가 계획한 대로 작동한다. 지난 20년간 단 한 번도 예외는 없었다."

11

이런 지침을 성실히 따를 수 있다면, 당신은 "바라는 것들의 실상이요, 보이지 않는 것들의 증거"인 믿음^{Faith}을 가지게 될 것이다. 끈기와 용기를 가지게 해줄 자신감^{confidence}도 가지게 될 것이다. 당신의 목적과 무관한 모든 생각들을 배제하게 해줄 집중력도 생길 것이다.

생각은 형태로 드러나게 마련이다. 그리고 자기 생각을 멋지게 구상할 줄 아는 사람만이 대가의 자리를 차지하고 권위 있게 얘기할 수 있다.

13

명확함과 정확함은 마음속에서 그림을 반복해서 그려야만 얻을 수 있다. 반복할수록 그림은 이전보다 더 명확하고 정확해진다. 그리고 그림이 명확하고 정확해질수록 외부로 더 명확히 현실화한다. 외부 세계에서 구체화되기 전에 마음속 내면세계에서 단단하게 만들어야 한다. 더불어, 정신세계에서라도 적절한 재료가 없으면 어떤 가치 있는 것도 만들어 낼 수 없다. 재료가 있을 때는 원하는 무엇이든 지을 수 있지만, 그 재료가 적절한 것인지 반드시 확인하라. 조잡한 원료로 고급 옷감을 만들 수는 없는 법이다.

14

당신의 머릿속에 있는 수백만의 조용한 정신 일꾼들이 이 재료를 끄집어내, 당신이 생각하는 그림대로 만들어나간다.

15

생각해 보라. 당신에게는 언제든 사용할 수 있는 5백만의 정신 일꾼들이 있다. 우리는 이들을 뇌세포라고 부른다. 이 외에도 거의 같은 수의 예비 전력이 있어서 언제든 조금이라도 필요할 때는 사용할 수 있다. 이 사고능력은 거의 무한하며, 따라서 당신이 원하는 환경을 만들어 내는데 필수적인 재료를 창조할 능력도 사실상 무한하다고 할 수 있다.

16

이 수백만의 정신 일꾼들 외에도, 당신의 몸에는 어떠한 메시지나 제안이라도 이해하고 행동으로 옮길 수 있는 충분한 지능을 지닌 수십억의 정신 일꾼들이 있다. 이 세포들은 몸을 창조하고 재창조하느라 바쁘게 움직이고 있지만, 이외에도, 완벽한 성장을 위해 필요한 물질을 끌어당기는 정신적 활동력도 지니고 있다.

17

세포들은 모든 생명체가 성장에 필요한 재료를 끌어당기는 것과 같은 법칙과 방법으로 일한다. 떡갈나무, 장미, 백합, 이런 모든 것들은 자신을 완벽하게 표현하기 위해서 특정한 재료가 있어야 하며 조용히 요구함으로써 이를 확보한다. 이는 '끌어당김의 법칙Law of Attraction'이라 불리며, 완벽한 성장을 위해 요구되는 것들을 확보할 수 있는 가장 확실한 방법이다.

18

머릿속으로 그림을 그려라. 그림을 명확하고 뚜렷하며 완벽하게 하라. 굳게 간직하라. 방법과 길이 생길 것이다. 수요에 따라 공급이 생겨날 것이다. 적절한 때에 적절한 방법으로 적절한 일을 하게 될 것이다. 열렬한 소망Earnest Desire은 확신에 찬 기대를 불러일으킬 것이고, 이는 다시 굳건한 요구에 의해 강화되어야 한다. 열렬한 소망은 감정이고, 확신에 찬 기대는 생각이며, 굳건한 요구는 의지이다. 그리고 앞서 살펴보았듯이, 감정은 생각에 활력을 불어넣고, 의지는 생각이 성장의 법칙에 따라 실현될 수 있을 때까지 굳게 붙들어 주기 때문에, 이 세 가지가 있다면 반드시 성과Attainment가 나오게 된다.

19

우리 내면에 이런 엄청난 능력을 지니고 있다는 사실이, 자신도 모르는 초월적인 능력이 있다는 사실이 놀랍지 않은가? 우리가 항상 "외부 ^{without}"에서 힘과 능력을 찾도록 교육받았다는 사실이 이상하지 않은가? 우리는 우리의 "내면^{within}" 이외의 곳에서 찾으라고 배워왔고, 이 내면의 능력이 삶에서 드러날 때마다 그건 초자연적 현상이라고 들어왔다.

20

이 놀라운 능력을 이해하고 절실한 노력을 기울이고도 건강과 능력, 그리고 다른 것들을 얻는 데 실패하는 사람들도 많이 있다. 이들은 끌어당김의 법칙을 활용하지 못하고 있는 것 같다. 대부분은 외부적인 것 ^{externals}만을 다루려 하므로 어려움을 겪게 된다. 돈, 능력, 건강, 풍요 등을 원하지만, 이런 것들은 결과일 뿐, 원인을 발견하지 못하면 이룰 수 없다는 사실을 깨닫지 못하는 것이다.

21

외부 세계에 신경 쓰지 않는 사람들은 오직 진리를 확인하고 지혜를 구할 것이다. 이들은 이런 지혜가 모든 능력의 근원을 펼치고 밝혀줄 것이며, 외부 조건을 바라는 대로 창조하겠다는 생각과 목표를 통해 드러난다는 것을 알게 된다. 이 진리는 고상한 목표와 용감한 행동을 통해 표현된다.

22

이상만을 창조하고 외부 조건에 대해서는 신경 쓰지 말라. 내면세계를 아름답고 풍성하게 만들면, 외부 세계를 통해 내면세계가 표현되고 드러나게 될 것이다. 당신은 이상을 창조할 능력이 있음을 깨닫게 되고, 이런 이상은 결과의 세계^{외부세계}에 투영되어 나타날 것이다.

23

예를 들어, 어떤 사람이 빚을 지고 있다고 하자. 그는 끊임없이 빚에 대해 생각하고 그 생각에 집중할 것이다. 생각은 원인이 되기에, 결과적으로 그는 빚 문제를 더 가까이 붙들어 둘 뿐 아니라, 실제로도 더 많은 빚을 지게 된다. 그를 끌어당김의 법칙을 작동시켰고, 당연하고도 필수불가결한 결과를 얻는다. 바로, 손실은 더 큰 손실로 이끈다는 것 말이다.

24

그렇다면 올바른 원칙은 무엇일까? 당신이 원하지 않는 것이 아닌, 원하는 것에 집중하는 일이다. 풍요를 생각하라. 풍요의 법칙Law of Abundance 을 작동시킬 방법과 계획을 이상화idealize 하라. 풍요의 법칙에 따라 만들어질 상황을 시각화visualize 하라. 이렇게 하면 풍요가 실현될 것이다.

25

끌어당김의 법칙에 따라 끊임없이 결핍과 공포에 대해 생각하는 사람들이 실제로 가난과 결핍, 그리고 온갖 종류의 한계상황을 경험하게 된다면, 용기와 능력에 대해 생각하는 사람들은 똑같은 원리로 풍요와 풍부함을 경험하게 될 것이다.

26

많은 이들이 겪는 어려움은 다음과 같다. 우리는 안절부절못한다. 불안과 공포, 괴로움을 드러낸다. 뭔가를 하고 싶어 하고, 돕고자 한다. 우리는 방금 씨앗을 심고 15분마다 가서 흙을 들춰내어 씨앗이 자라고 있는지 확인하는 어린아이와 같다. 물론 그런 상황에서 씨앗은 절대 싹을 틔우지 않을 것이다. 그런데도 많은 이들이 정신적으로 이렇게 행한다.

27

씨를 심고 그대로 두어야 한다. 그렇다고 해서 가만히 앉아서 아무것도 안 한다는 뜻은 절대 아니다. 우리는 이전보다 더 많은 일을 할 것이고 더 잘 해낼 것이다. 새로운 통로가 계속해서 열릴 것이고, 새로운 문이 열릴 것이다. 열린 마음을 가지고 때가 되었을 때 행동할 준비만 하면 된다.

28

사고력은 지식을 얻는 가장 힘 있는 수단이며, 사고력을 집중함으로써 문제를 해결할 수 있다. 인간의 이해력을 넘어서는 것은 없다. 하지만 사고력을 키우고 조종하기 위해서는 해야 할 일이 있다.

29

생각은 행운의 수레바퀴를 돌리는 증기를 만들어 내는 불과 같다는 사실을 기억하라. 이 행운의 수레바퀴가 가리키는 곳에 따라 당신의 경험은 달라진다.

30

스스로에게 질문을 몇 가지 던지고 차분히 대답을 기다려라. 때때로 자아the self가 당신 속에 느껴지는가? 이 자아가 원하는 바를 내세우는가, 아니면 대중majority을 따르는가? 대중은 언제나 끌려다닐 뿐, 이끄는 법이 없다는 점을 기억하라. 증기기관과 동력 직조기, 그리고 다른 새로운 진보나 발전에 필사적으로 대항한 것도 대중이었다.

31

이번 장^{*}의 연습 과제로, 친구를 그려보아라. 그와 가장 최근 만났던 모습을 그리고, 만났던 방과 가구도 그려보라. 그와 나눴던 대화를 회상해보라. 이제, 그의 얼굴을 또렷이 그려보라. 이제 서로의 관심사에 관해 얘기하면서, 그의 표정이 변하여 웃는 것을 보라. 할 수 있는가? 물론 할 수 있다. 그런 다음, 그에게 모험담을 들려주어서 관심을 환기해 보라. 흥미진진함으로 그의 두 눈이 반짝이는 것을 보라. 할 수 있는가? 할 수 있다면, 당신은 훌륭한 상상력을 지녔으며, 놀라운 발전을 하는 것이다.

질문과 대답

▶ 시각화visualization 란 무엇인가?

마음의 그림을 그리는 과정

▶ 이 사고방식의 결과는 무엇인가?

마음속에 그림을 떠올림으로써, 점차, 하지만 확실하게 그 일을 가까이 끌어당길 수 있다. 우리는 의지하는 대로 될 수 있다.

▶ 이상화Idealization 란 무엇인가?

외부 세계에서 현실화할 계획을 시각화하거나 이상화하는 과정

▶ 명확함clearness 과 정확함accuracy 이 필수적인 이유는 무엇인가?

보는 것seeing은 감정feeling을 불러일으키고, 감정은 존재being를 창조하기 때문이다. 첫 번째는 정신적이고, 그다음은 감정적이며, 마침내 무한한 성공의 가능성이 열리게 된다.

▶ 그것들은 어떻게 얻어지는가?

반복적 행위 때문에 그림이 전보다 더 뚜렷해지게 된다.

▶ 마음의 그림을 그리는 데 필요한 재료들은 어떻게 얻을 수 있는가?
수백만의 정신 일꾼들을 통해서. 이들을 뇌세포라 부른다.

▶ 외부 세계에서 이상을 실현하는 데 필요한 조건들은 어떻게 확보할 수 있는가?
끌어당김의 법칙에 따라서. 이는 모든 조건과 경험을 발생시키는 자연 법칙이다.

▶ 끌어당김의 법칙을 작동시키기 위한 필수 3단계는 무엇인가?
열렬한 소망Earnest Desire, 확신에 찬 기대Confident Expectation, 굳건한 요구Firm Demand

▶ 많은 사람이 실패하는 원인은 무엇인가?
상실과 질병, 불행에 집중하기 때문이다. 끌어당김의 법칙이 완벽히 작용하여, 그들의 두려움이 현실이 된다.

▶ 어떤 대체 방법이 있는가?
당신의 삶에서 실현되길 바라는 이상들에 집중하라.

PART 8

이번 장章에서는 생각은 자유롭게 할 수 있지만, 생각의 결과는 불변의 법칙에 따라 지배된다는 사실을 알게 될 것이다. 멋진 생각 아닌가? 우리 삶이 변화나 변수에 의해 좌우되지 않는다는 사실이 멋지지 않은가? 어떤 법칙에 따라 움직인다는 사실이 말이다. 이 안정성은 우리에게 있어서는 기회라고 할 수 있는데, 법칙에 순응함으로써 원하는 결과를 예외 없이 정확히 얻을 수 있기 때문이다. 이 법칙으로 인해 우주는 하나의 위대한 조화의 장場이 된다. 이 법칙이 없다면, 우주는 코스모스Cosmos가 아닌 카오스Chaos가 될 것이다.

여기에 선good과 악evil의 시초의 비밀이 있다. 이제까지 존재한, 그리고 앞으로 존재할 모든 선과 악 말이다. 자세히 설명하자면 이렇다. 생각은 행동을 낳는다. 만일 생각이 건설적이고 조화롭다면, 결과는 선할 것이다. 생각이 파괴적이고 부조화하라면, 결과는 악할 것이다. 그러므로 세상은 한 가지 법칙, 한 가지 원칙, 하나의 원인, 하나의 힘의 원천으로 움직이며, 선과 악은 행동의 결과 혹은 이 법칙에 순종하는가 불순종하는가를 나타내기 위해 붙여진 명칭에 불과하다.

이것의 중요성은 에머슨과 칼라일의 삶 속에서 자세히 볼 수 있다. 에머슨은 선good을 좋아했고 그는 평화와 조화가 잘 어우러진 삶을 살았다. 칼라일은 악bad을 증오했고, 그는 불화와 부조화가 끊이지 않는 삶을 살았다. 이 두 위대한 사람들은 모두 같은 이상을 실현하고자 애썼다. 하지만 한 사람은 건설적인 생각을 했고 이로 인해 자연법칙과 조화를 이루며 살았다. 다른 한 사람은 파괴적인 생각을 했고, 그 결과 온갖 종류의 불화를 겪으며 살았다. 증오는 파괴력을 가지고 있고, 파괴적인 생각을 하는 사람은 "바람wind"의 씨앗을 뿌리는 것과 같아서 "소용돌이whirlwind"를 수확하게 된다. 그러므로 한 가지 확실한 사실은 우리는 어떤 것도, 설령 그것이 "나쁜" 것일지라도, 증오하지 말아야 한다는 것이다.

오늘을 보살펴라.
오늘은 생명이요, 생명 중의 생명이라.
그 짧은 여정에 네 존재의 모든 진리와 진실이 있노라.
성장의 기쁨과 행위의 영광과 아름다움의 눈부심이 있노라.
어제는 꿈일 뿐이고,
내일은 환영일 뿐이니,
오늘을 잘 살아내면 어제가 행복한 꿈이 되고,
모든 내일이 소망의 환영이 되리라.
그러니, 오늘을 잘 보살펴라!

산스크리트에서

01

생각은 우주를 창조하는 원리이며 그 속성상 다른 비슷한 생각들과 엮이기 마련이라는 점에서, 생각에는 매우 중요한 원리가 담겨 있다.

02

삶의 목적 가운데 하나가 성장이므로, 존재의 기저에 작용하는 모든 법칙은 성장에 이바지하지 않을 수 없다. 그러므로 생각은 형태를 갖추게 되고, 성장의 법칙에 따라 마침내 현실로 나타나게 된다.

03

생각은 자유롭게 할 수 있지만, 생각의 결과는 불변의 법칙에 따라 지배된다. 어떤 생각을 오랫동안 하게 되면, 그 생각은 개인의 성격, 건강과 환경에 반드시 영향을 끼친다. 그러므로, 바람직하지 않은 결과를 가져오는 생각을 버리고 건설적인 생각을 하는 습관으로 대체하는 일은 무엇보다 중요하다.

04

우리는 모두 이게 쉽지 않은 일임을 알고 있다. 정신 습관을 제어하기는 쉽지 않지만, 당장 파괴적 생각을 건설적 생각으로 대체하기 시작한다면 가능하다. 모든 생각을 분석하는 습관을 들여라. 당신의 생각이 외부 세계에 실현될 때, 그것이 당신 자신뿐 아니라 영향을 받는 모든 사람에게 이익이 된다면, 그 생각을 간직하고 소중히 여겨라. 그것은 가치 있는 생각이며, 무한의 존재the Infinite 와 조화를 이루는 생각이다. 그 생각은 자라고 발전해서 100배의 결실을 볼 것이다. 그 반대의 경우, 조지 매튜스 애덤스George Mat thews Adams 의 말을 기억하는 것이 도움이 될 것이다.

"아무런 도움이 될 여지도 없이 당신에게 들어오려 하는 모든 요소에 대해 문을 닫고, 마음에서 멀리하며, 당신의 사무실에서, 그리고 세상에서 거리를 두어라."

05

당신의 생각이 비판적이고 파괴적이며, 주변 환경에 불화나 부조화를 초래해 왔다면, 이제부터 건설적인 생각으로 이끄는 정신 태도를 기르는 것이 필요하다.

06

이 과정에서 상상력은 큰 도움이 될 것이다. 상상력을 키우면 이상 ^ideal 이 자라나고, 이상으로부터 당신의 미래가 나타나게 된다.

07

상상력은 당신의 미래가 입을 옷, 즉 마음이 짜는 옷감의 재료를 모아준다.

08

상상력은 우리가 생각과 경험의 신세계를 파고드는 데 있어 빛을 비춰준다.

09

상상력으로 인해 모든 탐험가와 발명가가 전례 ^precedent 에서 경험 ^experience 으로 새로운 길을 열 수 있었다. 전례는 "할 수 없어."라고 말했지만, 경험은 "해냈다."라고 말했다.

10

상상력은 유연성이 있어서, 느끼는 것들을 새로운 형태와 이상으로 만드는 틀의 역할을 한다.

11

상상력은 건설적인 행동에 앞서는 건설적인 생각이다.

12

건축업자는 건축가로부터 설계도를 받지 못하면 어떤 건물도 지을 수 없다. 그리고 건축가는 상상력을 이용해서 설계도를 그린다.

13

위대한 기업가라 할지라도, 수백 개의 자회사를 거느리고 수천 명의 직원을 고용하며 수백만 달러의 자금을 활용하는 대기업을 만들기 위해서는, 먼저 그 모든 일을 상상 속에서 만들어 내야 한다. 물질세계에서의 대상들은 도공의 손에 놓인 진흙과 같다. 실제 사물이 만들어지는 것은 대가의 마음속이고, 이 과정은 상상력을 사용함으로써 이루어진다. 상상력을 키우기 위해서는 훈련이 필요하다. 훈련은 신체의 근육뿐 아니라 정신의 근육을 단련하는 데도 필수적이다. 영양분이 공급되지 않으면 자랄 수 없다.

14

상상력을 환상^{Fancy}이나, 사람들이 흔히 빠지곤 하는 백일몽과 혼동하지 말라. 백일몽은 정신적 재앙으로 이어질 수 있는 정신적 소멸상태나 다름없다.

15

건설적 생각은 정신적 노동이다. 어떤 이들은 이를 가장 힘든 형태의 노동이라고 한다. 그렇다 하더라도, 이는 가장 큰 대가를 가져오는 노동이다. 삶의 모든 위대한 일들은 생각하고 상상하며 자신들의 꿈을 이룰 능력이 있는 사람들에게 일어났기 때문이다.

16

정신이 유일한 창조적 원칙이며, 그것이 전지전능하고 무소 부재하며, 사고력을 발휘해서 이 전능한 존재와 조화를 이룰 수 있다는 사실을 완전히 깨닫게 될 때, 당신은 옳은 방향으로 크게 한 걸음 내디딘 것이다.

17

다음 단계로, 이 능력을 받을 수 있는 위치에 있어야 한다. 이 능력은 무소 부재한 것이기에 당신의 내면에 존재할 수밖에 없다. 모든 능력은 내면으로부터 오는 것이기 때문이다. 하지만 이 능력은 계발되고, 펼쳐져, 발전되어야 한다. 이를 위해 우리는 수용적으로 되어야 하는데, 신체적 힘과 마찬가지고 이런 수용성을 얻기 위해서는 훈련이 필요하다.

18

끌어당김의 법칙은 틀림없이 당신의 습관적이고 특징적이며 주도적인 정신 태도에 상응하는 삶의 조건과 환경, 경험들로 이끌어 갈 것이다. 교회에 있을 때나 좋은 책을 읽은 후에 가끔 하는 생각들이 아닌, 주도적인 정신 태도가 중요하다.

19

하루 10시간 동안 연약하고 해로우며 부정적인 생각을 해놓고, 10분 동안 강하고 긍정적이며 창의적인 생각을 했다고 해서 아름답고 강하며 조화로운 환경이 조성되길 기대해서는 안 된다.

20

진정한 능력은 내면으로부터 온다. 사용할 수 있는 모든 능력은 사람의 내면에 있으며, 먼저 스스로 그 능력을 깨닫고, 자신의 것으로 확인하며, 의식 속에서 능력과 하나가 될 때까지 노력하면 현실화할 수 있다.

21

사람들은 풍요로운 삶을 바란다고 말을 하고, 실제로 그렇게 바라고 있다. 하지만 많은 이들이 이를 잘못 해석하여, 근육을 단련하고 과학적 호흡법을 익히며, 특정 음식을 특정한 방법으로 먹거나, 특정 온도의 물을 날마다 많이 마시거나, 술을 안 마시면, 그들이 추구하는 풍요로운 삶을 이룰 수 있다고 생각한다. 이런 방법들의 결과는 미미하다. 반면, 진리에 눈뜨고 모든 생명과 하나 됨을 확인할 때, 거의 눈이 밝아지고 걸음걸이는 탄력을 띠며 젊음의 활력을 찾게 된다. 자신이 모든 능력의 근원을 발견했음을 알게 된다.

22

모든 실수는 무지로 인한 실수이다. 지식을 얻는 것과 지식으로 인해 얻는 능력이 성장과 진화를 결정한다. 지식을 알고 활용할 때 능력이 생긴다. 이 능력은 영적인 능력이며, 이는 만물의 중심에 존재하는 능력이다. 이는 우주의 영혼이다.

23

이러한 지식은 인간 사고력의 결과이다. 그러므로 생각은 인간 의식의 진화에 있어서 기원이라 할 수 있다. 생각과 이상이 더는 진보하지 않을 때, 인간의 힘은 곧바로 흩어지기 시작하고 이런 변화가 점점 그의 얼굴에 나타나기 시작한다.

24

성공한 사람들은 그들이 실현하고자 하는 조건들을 이상으로 간직한다. 그들은 이상을 실현하는 데 필요한 다음 단계가 무엇인지 마음속으로 끊임없이 생각한다. 생각을 재료로 하여 건물을 짓고, 상상력이라는 마음의 작업실에서 일한다. 마음은 끊임없이 움직이면서 성공이라는 건물을 짓는데 필요한 사람과 환경을 확보하고, 상상이라는 매트릭스 속에서 모든 위대한 것들이 빚어지게 된다.

25

이상에 충실했다면, 계획을 실현할 환경이 준비되었을 때 부름을 듣게 될 것이다. 그리고 그 결과는 당신이 이상에 얼마나 충실해 왔느냐에 정확히 비례할 것이다. 당신이 꾸준히 간직해 온 이상이 그것의 성취를 위해 필요한 조건들을 미리 결정하고 끌어당기게 된다.

26

그러므로 이제 당신은 당신 존재의 그물망 속에 영과 능력의 의복을 짜서 넣을 수 있다. 매력적인 삶을 누릴 수 있으며, 모든 해악으로부터 영원히 보호받을 수 있다. 스스로가 긍정적인 힘이 되어서 부와 조화를 이루는 조건들을 가까이 끌어당길 수 있다.

27

이것은 대중의 의식을 잠식하고 있는 누룩^{leaven}이며, 모든 곳에서 나타나고 있는 불안의 주범이다.

28

지난 장章에서는 심상mental image을 그려서, 보이지 않는 것에서 보이는 것으로 끌어내어 보았다. 이번 장에서는 대상을 하나 정해서 그 근원을 추적하고, 그것이 무엇으로 구성되어 있는지 보길 바란다. 이를 통해 상상력과 통찰력, 인식력, 총명함이 발달할 것이다. 이는 대중의 피상적인 관찰이 아닌, 수면 아래를 보는 날카롭고 분석적인 관찰을 통해서 얻어진다.

29

눈에 보이는 것이 결과일 뿐임을 알고 이 결과들이 나타나게 된 원인을 이해하는 사람은 드물다.

30

이제까지와 같은 자세로 앉아서, 전함戰艦을 한 대 떠올려 보라. 이 무시무시한 괴물이 수면 위를 떠다니는 모습을 그려보라. 주변에 생명이라고는 보이지 않고, 고요함뿐이다. 배 대부분은 수면 아래로 가라앉아 있기에 눈에 보이지 않는다는 걸 안다. 이 배는 20층짜리 고층 건물만큼이나 크고 무겁다는 것도 안다. 수백 명의 사람이 할당된 임무에 곧바로 뛰어들 준비가 되어 있음을 안다. 배의 각 부분이 이 놀라운 기계 덩이를 책임질만한 능력이 있음을 입증받은 능력이 있고 훈련된, 숙련된 기술을 지닌 이들에게 맡겨졌음을 알고 있다. 배의 주변 상황에 대해 전혀 무관심한 듯 보이지만, 주변 수 마일까지 볼 수 있는 눈이 있어서 어떤 것도 이 감시를 피할 수 없음을 안다. 조용하고 순종적이며 해가 없는 듯 보이지만, 수천 파운드나 되는 미사일을 수 마일 떨어진 적에게 쏠 준비가 되어 있음을 안다. 이뿐 아니라 더 많은 것들을 비교적 노력을 기울이지 않고도 떠올릴 수 있다. 하지만 이 전함을 어떻게 해서 현재 위치에 있게 되었는가? 애초에 어떻게 생겨났는가? 이런 것들은 주의 깊은 관찰자라면 궁금해야 할만한 것들이다.

31

거대한 철판을 따라 주조 공장을 지나가 보자. 생산 라인에 있는 수천 명의 직원이 보일 것이다. 더 과거로 거슬러 가면, 광석이 광산에서 캐내어져서, 배와 차에 실리고, 녹여지고 적절한 공정을 거치는 모습이 보일 것이다. 더 과거로 가서, 배를 디자인한 건축가와 기술자들을 보라. 그들이 왜 배를 계획했는지 알기 위해 더 과거로 생각을 거슬러 가보라. 이제는 너무 과거로 와서 배는 무형의 것이 되어서 더는 존재하지 않음을 알게 될 것이다. 그것은 이제 건축가의 머릿속에만 존재하는 생각일 뿐이다. 그렇다면 배를 디자인하라는 명령은 어디에서 왔는가? 아마도 국방장관일 것이다. 하지만 이 배는 전쟁이 논의되기 훨씬 전부터 계획되었고 예산 편성을 위해 의회에서 법안이 통과되어야 했을 수도 있다. 이에 대한 반대가 있었을 수도, 법안에 찬성 혹은 반대하는 발언이 있었을 수도 있겠다. 이들 의원들이 대표하는 것은 누구인가? 당신과 나이다. 이렇게 우리의 일련의 생각들은 전함으로부터 시작해서 우리 자신에 관한 생각으로 끝난다. 그러므로 이 마지막 결론에서 보듯이, 우리 자신의 생각이 이것뿐 아니라 우리가 생각하지 않는 다른 많은 것들에도 원인이 됨을 알 수 있다. 그리고 조금 더 돌아가 생각해 보면 가장 중요한 사실이 떠오르게 되는데, 그것은 누군가가 이 거대한 강철 덩어리가 바로 바닥으로 가라앉지 않고 물에 뜰 수 있는 법칙을 발견하지 않았더라면, 전함은 존재하지도 못했을 거란 사실이다.

32

이 법칙이란, "물질의 비중은 물의 부피와 동일한 부피의 중량이다." 라는 것이다. 이 법칙의 발견으로 인해 해양 여행, 상업, 전쟁에 있어서 혁명이 일어났으며, 전함, 항공모함, 유람선이 생겨났다.

33

이런 종류의 훈련이 매우 가치가 있다는 것을 알게 될 것이다. 생각을 훈련해서 표면 아래를 볼 수 있게 되면 모든 것이 다르게 보인다. 하찮은 것이 중요하게 되고, 따분한 것이 재미있게 되며, 중요하지 않다고 생각하던 것들을 세상에서 유일하게 진실로 중요한 것으로 보게 된다.

질문과 대답

▶ 상상이란 무엇인가?

건설적 생각의 한 형태이다. 우리가 생각과 경험의 신세계에 침투하도록 도와주는 빛이다. 모든 발명가와 모험가가 관례를 깨고 경험으로 길을 열도록 해주는 강력한 도구이다.

▶ 상상의 결과는 무엇인가?

상상력을 키우면 이상이 계발되고, 이 이상으로부터 미래가 펼쳐지게 된다.

▶ 상상력을 어떻게 키울 수 있는가?

훈련을 통해서. 상상력이 영양분을 공급받지 못하면 살 수 없다.

▶ 상상은 백일몽과 어떤 점에서 다른가?

백일몽은 일종의 정신적 소멸상태지만, 상상은 모든 건설적 행위에 앞서 필요한 건설적 생각의 한 형태이다.

▶ 실수란 무엇인가?

무지의 소산이다.

▶ 지식이란 무엇인가?

인간 사고력의 결과이다.

▶ 성공하는 사람이 이용하는 힘은 무엇인가?

끊임없이 움직이면서 계획을 완성하는 데 필요한 사람과 상황을 확보
할 수 있게 해주는 마음이 그 힘이다.

▶ 결과를 미리 결정하는 것은 무엇인가?

마음에 굳게 간직한 이상은 그 실현을 위해 필요한 조건들을 끌어당긴다.

▶ 날카롭고 분석적인 관찰의 결과는 무엇인가?

상상력과 통찰력, 인식력, 총명함이 계발되게 된다.

▶ 이 모든 것의 결과는 무엇인가?

부와 조화

PART 9

이번 장에서는 당신이 원하는 환경을 건설하는 데 필요한 도구를 빚는 방법을 배우게 될 것이다. 환경을 바꾸고 싶다면 스스로를 바꿔야 한다. 모든 단계에서 자신의 기분, 소망, 공상, 야망은 내려놓아야 할 것이다. 하지만 마치 씨앗에서 식물이 자라나듯이, 당신의 마음 깊숙한 곳의 생각들은 기필코 밖으로 실현될 것이다. 이제, 우리가 상황을 바꾸고자 한다면 어떻게 해야 할까? 대답은 간단하다. 성장의 법칙law of growth에 의해서이다. 원인과 결과의 법칙은 물질세계에서만큼이나 눈에 보이지 않는 생각의 세계에서도 절대적이고 예외 없이 작동한다.

원하는 상황을 마음속에 간직하라. 그것을 이미 기정사실로 자기암시를 하라. 강력한 자기암시의 가치가 바로 여기에 있다. 끊임없이 반복하게 되면 그 확신이 우리 안에 자리 잡게 된다. 실제로 우리를 바꾸고 스스로 원하는 사람으로 만들고 있다. 성격은 우연히 만들어지는 것이 아니라, 끊임없는 노력을 통해 얻어지는 결과이다. 소심하고 망설이며 부끄럼이 많다면, 혹은 걱정이 많고 공포나 임박한 위험 등에 관한 생각으로 고통받고 있다면, "두 물체가 동시에 같은 장소에 존재할 수 없다."라는 자명한 진리를 기억하라. 이는 정신적 영적 세계에도 적용되는 진리이다. 스스로를 치료하기 위해, 공포, 결핍, 한계의 생각을 버리고 용기, 능력, 자립과 확신의 생각으로 대체하라.

가장 쉽고 자연스러운 방법은 자신의 경우에 잘 맞는 자기암시를 선택하는 것이다. 빛이 어둠을 파괴하듯, 긍정적 생각은 부정적 생각을 파괴할 것이고, 이는 영향력 있는 결과를 가져온다. 생각이 꽃피어서 행동이 되고, 행동의 결과로 상황이 생겨난다. 이처럼 당신에게는 언제나 스스로를 만들고 파괴할 도구가 있다. 그 보상으로 기쁨이나 고난이 주어진다.

01

외부 세계에서 바랄 것은 세 가지뿐이며, 이들 각각은 내면세계에서
찾을 수 있는 것들이다. 이를 찾는 비결은 전능한 존재에게 의지하는
적절한 "메커니즘"을 적용하는 것이다. 이 메커니즘은 누구나 사용할
수 있다.

02

모든 사람이 바라는, 최고의 성장과 완벽한 계발을 위해 필요한 세 가
지는 건강, 부, 사랑이다. 건강이 절대적으로 필요하다는 데는 누구나
수긍할 것이다. 그 누구도 몸이 아프다면 행복할 수 없다. 하지만 부가
필수적이라는 데는 그다지 동의하지 않을 것이다. 하지만 적어도 충분
한 물질적 공급이 필요하다는 데는 동의할 것이다. 어떤 이에게 충분하
다고 생각되는 것이 다른 이에게는 절대적으로 부족한 것으로 여겨져
서 고통스러울 수 있다. 하지만 자연은 충분할 뿐 아니라, 풍성하고 넘
치도록 공급해 주기 때문에, 결핍이나 한계는 인위적인 분배 방식에 의

해 생겨난 한계일 뿐임을 깨닫게 된다.

03

사랑이 세 번째 조건이라는 데는 모두 동의할 것이다. 어떤 이는 행복의 첫 번째 필수 요소라고 할지도 모르겠다. 어쨌거나, 건강, 부, 사랑을 모두 가진 사람은 자신의 행복의 잔^{cup of happiness}에 더할 것이 없다.

04

우주의 본질은 "완전한 건강", "완전한 부", "완전한 사랑"임을 발견했다. 그리고 이 무한한 공급원에 의식적으로 연결되는 메커니즘이 우리의 사고방식 속에 들어있다는 점도 알게 되었다. 그러므로 우리는 올바른 생각이야말로 "하나님의 비밀 궁전"에 들어가는 길이다.

05

어떤 생각을 해야 할까? 이를 알게 될 때, 우리는 "바라는 것은 무엇이든" 그와 연결될 적절한 방법을 찾은 거나 다름없다. 이 메커니즘을 알려주면 매우 간단하다고 여길 수도 있다. 그러나 들어보라. 당신은 이 메커니즘이 사실상 "마스터키", 즉 "알라딘의 램프"라고 여길 수도 있다. 좋은 행동, 즉 행복의 기반이자 필수조건이며 절대적 법칙이라고 여길 것이다.

06

올바르고 정확하게 생각하기 위해서는 "진리^{Truth}"를 알아야 한다. 진리는 모든 사업적 사회적 관계에 있어서 기본 원칙이다. 모든 올바른 행동의 선행 조건이다. 진리를 알고 확신하며 자신감을 가지게 되면,

비교할 수 없는 만족감을 느끼게 되는데, 이는 의심과 갈등, 위험의 세계에서 유일한 견고한 기반이 된다.

07

진리를 알기 위해서는 무한하고 전능한 힘과 조화를 이루어야 한다. 그러므로, 진리를 안다는 것은 모든 불화와 부조화, 의심, 실수를 쓸어버릴 거부할 수 없는 힘과 연결된다는 것을 의미한다. "진리는 강하고 승리할 것"이기 때문이다.

08

보잘것없는 지성이라도 자신의 행동이 진리에 근거하고 있다는 것을 아는 한 그 결과를 예측할 수 있다. 하지만 뛰어난 지성이고 심오하고 통찰력 있을지라도, 자신의 희망이 거짓에 기반하고 있음을 안다면, 허무하게 길을 잃고 결과를 종잡을 수 없다.

09

무지에 의해서건 의도적이건 간에, 진리에 부합하지 않는 모든 행동은 불화를 일으키고, 진리에서 멀어진 만큼의 손실을 낳게 된다.

10

무한의 존재에 연결되는 메커니즘에 의존하기 위해 진리를 알아야 하는데, 어떻게 그 진리를 알 수 있는가?

11

진리가 보편적 정신의 핵심 원리이고 어디에나 존재함을 깨닫는다면 실수할 수가 없다. 예를 들어 건강을 원한다고 해보자. 내면의 "내¹"가 영적인 존재이며 모든 영혼이 하나임을 깨닫는다면, 그리고 부분이 있는 곳에는 언제나 전체가 있음을 깨닫는다면, 건강을 얻을 수 있게 된다. 몸속의 모든 세포가 당신이 보는 대로 진리를 드러낼 것이기 때문이다. 질병을 본다면 질병을 드러낼 것이다. 완벽함을 본다면 완벽함을 드러낼 것이다. "나는 온전하고 완벽하며 강하고 튼튼하며 다정하고 조화로우며 행복하다."라는 자기암시는 조화로운 상태를 가져올 것이다. 그 이유는 이렇다. 자기암시는 완벽하게 진리와 조화를 이룰 것이고, 진리가 드러나게 되면 모든 실수와 불화는 반드시 사라질 것이기 때문이다.

12

"나¹"는 영적인 존재임을 깨달았다. 그러므로 "나"는 완벽하지 않을 리 없다. 따라서 "나는 온전하고 완벽하며 강하고 튼튼하며 다정하고 조화로우며 행복하다."라는 자기암시는 정확한 과학적 선언이다.

13

생각은 영적인 활동이며 영혼은 창조력을 지닌다. 그러므로 이런 생각을 마음속에 간직하면 생각과 조화를 이루는 환경이 만들어질 수밖에 없다.

14

부Wealth를 원한다면, 내면의 "내¹"가 실재하며 전능한 보편적 정신과 하나임을 깨달을 때, 끌어당김의 법칙을 작동시킬 수 있게 된다. 이 법칙은 자기암시의 성격과 목적에 정비례하게 능력과 부를 가져다주고,

성공으로 향하는 힘들과 조화를 이루게 해줄 것이다.

15

시각화^{visualization}는 필요한 것으로 연결해주는 메커니즘이다. 시각화는 보는 것^{seeing}과는 전혀 다른 과정이다. 보는 것은 신체적 행위이며, 그렇기에 객관적 세계, "외부 세계^{world without}"와 관련이 있다. 하지만 시각화는 상상의 산물이며, 주관적 정신, 혹은 "내면세계^{world within}"의 산물이다. 따라서 활력이 있으며 성장할 수 있다. 시각화된 것은 외형을 띠고 드러날 것이다. 이 메커니즘은 완벽하다. 그것은 "모든 것을 완벽하게 해내는" 건축의 대가에 의해서 창조되었다. 안타깝게도 가끔 조작자가 경험이 부족하고 비효율적이기는 하지만, 훈련과 결심을 통해서 이런 결점을 극복할 것이다.

16

사랑^{love}이 필요하다면, 사랑을 얻는 유일한 방법은 사랑을 주는 것임을 깨달아야 한다. 더 줄수록 더 받을 것임을. 그리고 사랑을 줄 수 있는 유일한 방법은 스스로를 사랑으로 가득 채워서 스스로가 사랑의 자석이 되는 것이다. 이 방법은 다른 곳에서 설명된 바 있다.

17

이 위대한 영적 진리를 삶의 사소한 일들에 적용하는 법을 터득한 사람은 문제를 해결하는 비결을 발견한 거나 다름없다. 사람은 위대한 생각, 위대한 사건, 위대한 자연물이나 사람과 가까이 지낼 때 생기가 돌고 사려 깊어지게 마련이다. 링컨에게 가까이 다가가는 사람들은 마치산에 가까이 갔을 때와 같은 느낌을 받았다고 한다. 그리고 이런 느낌은 영원한 것들, 진리의 힘을 발견했음을 깨달았을 때 가장 예리하게 느껴진다.

18

때때로 이런 원리를 시험해 보고, 자신의 삶에서 증명해 보인 사람들로부터 경험담을 들으면 영감을 받기도 한다. 프레데릭 앤드루스의 편지는 다음과 같은 통찰력을 제공한다.

19

내가 13살 때, 지금은 작고한 T.W. 마시 박사는 우리 어머니에게 이렇게 말했다.

"가망이 전혀 없습니다, 앤드루스 부인. 저도 같은 식으로 아들을 잃었습니다. 가능한 모든 방법을 해본 후에 말이죠. 이런 증상에 관해 전문적인 연구를 해왔기에, 아이가 회복할 가능성은 전혀 없다는 걸 압니다."

20

어머니는 그에게 말했다.

"선생님, 만일 선생님의 아이라면 어떻게 하시겠어요?"

그러자 그가 대답했다.

"싸우고 또 싸울 겁니다. 호흡이 붙어있는 한 말이죠."

21

그것은 길고 지루한 싸움의 시작이 되었고, 많은 우여곡절이 있었다. 의사들은 최선을 다해 우리를 격려하고 응원하면서도, 나을 가망은 없다는 데 동의했다.

22

하지만 마침내 승리가 찾아왔고, 나는 손과 무릎으로 기어 다니던 작고 구부러지고 뒤틀린 장애인에서, 강인하고 당당한 튼튼한 남자가 되었다.

23

이제 당신은 비결이 궁금할 것이다. 최대한 간단하고 빠르게 그 비결을 가르쳐 주겠다.

24

나는 가장 원하는 자질들을 모아서 스스로를 위한 자기암시를 만들었다. 그리고 "나는 온전하고 완벽하며 강하고 튼튼하며 다정하고 조화로우며 행복하다."라고 반복해서 스스로에게 암시를 걸었다. 나는 이암시를 변함없이 똑같이 반복해서, 마침내는 밤에 일어나서도 "나는 온전하고 완벽하며 강하고 튼튼하며 다정하고 조화로우며 행복하다."라고 반복할 정도였다. 이는 내가 밤에 잠들기 전에 마지막으로, 그리고 아침에 눈 뜨자마자 처음 하는 말이었다.

25

나는 이 암시를 나 자신뿐 아니라, 그것이 필요하다고 여겨지는 다른 이들을 위해서도 했다. 이게 내가 강조하고 싶은 점이다. 당신이 원하는 게 무엇이든, 다른 이를 위해서도 바라야 한다. 그러면 당신에게도 그 사람에게도 도움이 될 것이다. 뿌린 대로 거두는 법이다. 우리가 사랑과 건강의 생각을 보내면, 그 생각들은 누군가 우리에게 베푼 것처럼 우리에게 돌아올 것이다. 하지만 우리가 공포, 걱정, 질투, 분노, 미움, 등등의 생각을 보낸다면, 그 결과를 우리 삶 속에서 거두게 될 것이다.

26

사람은 7년마다 완전히 새로워진다고 한다. 하지만 어떤 과학자들에 따르면 우리는 11개월마다 스스로를 완전히 새롭게 만든다고 한다. 그렇다면 우리 나이는 고작 11개월인 셈이다. 해가 지나도 우리 몸에 결함이 있다면, 그건 우리 탓일 뿐이다.

27

사람은 그 자신이 하는 생각의 총합이다. 그렇다면, 어떻게 하면 좋은 생각만을 자주 하고, 악한 생각을 거부할 것인가 하는 질문이 생겨난다. 처음에는 악한 생각이 다가오는 것을 막을 수 없다. 하지만 그런 생각을 즐기는 것을 피할 수는 있다. 그렇게 하는 유일한 방법은 그 생각을 잊어버리는 것이다. 다시 말해, 다른 것으로 대체하는 것이다. 이때 준비된 자기암시가 역할을 하게 된다.

28

분노와 질투, 두려움, 걱정의 생각이 다가올 때, 자기암시를 작동시켜라. 어둠을 이기는 방법은 빛을 통해서이다. 추위는 열로 이기고, 악은 선으로 극복할 수 있다. 내 경우, 부인denial은 어떤 경우에도 도움이 되지 못했다.

29

원하는 게 있을 때, 자기암시를 하는 게 도움이 될 것이다. 암시의 내용에 덧붙일 것도 없다. 그냥 그대로 사용하라. 조용히 침묵 속에 간직하고 잠재의식 속으로 가라앉게 하라. 차 안이건 사무실이건 집이건 어디서나 사용할 수 있도록 말이다. 어디서나 사용할 수 있다는 것, 이것이 바로 영적인 방법의 장점이다. 영혼은 어디에나 존재하고 언제든지 준비되어 있다. 그 전능한 능력을 인식하고 그 유익한 결과를 수용할 적극성과 열정만 있으면 된다.

30

우리의 주된 마음가짐이 능력, 용기, 친절함, 동정심이라면, 우리의 환경은 이 생각들과 어울리는 조건들을 받아들일 것이다. 그러나 연약하고 비판적이며 질투심 많고 파괴적인 생각들이라면, 이런 생각들과 어울리는 조건들을 거부할 것이다.

31

생각은 원인이고 조건은 결과이다. 이것이 선과 악의 기원에 대해 설명해 준다. 생각은 창의력이 있고, 그 대상과 저절로 연결된다. 이것이 우주의 법칙^{보편적 법칙}, 끌어당김의 법칙, 원인과 결과의 법칙이다. 이 법칙을 인지하고 적용하면 시작과 끝이 결정될 것이다. 이 법칙에 따라 사람들은 시대를 막론하고 기도의 힘을 믿게 되었다. "너희 믿음대로 되라."라는 말은 이를 더 짧게 잘 서술한 구절에 불과하다.

32

이번 장에서는 식물을 떠올려 보라. 가장 좋아하는 꽃을 하나 골라서,

보이지 않는 상태에서 보이는 상태로 끌어내어 보라. 작은 씨앗을 심고, 물을 주고 돌보며, 아침 햇살을 직접 받을 수 있는 곳에 두고, 씨앗이 발아하는 것을 지켜보라. 이제 그것은 살아있고 생존 방법을 찾기 시작하는 생명체가 되었다. 뿌리가 흙을 뚫고 사방으로 뻗어나가는 것을 보라. 그것이 증식을 반복하는 살아있는 세포이며, 곧 수백 개에 달할 거라는 사실을 기억하라. 각각의 세포는 지능이 있으며, 원하는 것을 어떻게 얻을지 알고 있다. 줄기가 솟아나 자라는 모습과 땅 위를 뚫고 나오는 모습을 보라. 갈라져서 가지를 이루는 모습을 보라. 각 가지가 얼마나 완벽하고 대칭을 이루도록 조성되었는지 보라. 잎사귀가 만들어지고, 작은 줄기들이 각각 꽃봉오리를 받치고 있는 것을 보라. 그러는 동안에 꽃봉오리가 열리기 시작하고 당신이 제일 좋아하는 꽃이 보이기 시작할 것이다. 이제 정신을 집중하면 향기를 맡을 수 있을 것이다. 당신이 그려낸 아름다운 창조물이 바람에 부드럽게 흔들리면서 내는 향기이다.

33

심상을 뚜렷하고 완벽하게 그려낼 수 있게 되면, 심상 속 사물의 영혼에 다가갈 수 있다. 그것은 매우 사실적으로 느껴질 것이다. 당신은 집중하는 법을 배우게 될 것이다. 건강이건, 가장 좋아하는 꽃이건, 이상이건, 복잡한 사업 제안이건, 다른 어떤 삶의 문제이건 간에 그 문제에 집중하는 과정은 동일하다.

34

모든 성공한 사람들은 목표로 하는 대상에 꾸준히 집중함으로써 성공을 이루었다.

질문과 대답

▶ 모든 행복의 필수조건은 무엇인가?
　좋은 행동

▶ 모든 올바른 행동의 선행 조건은 무엇인가?
　올바른 생각

▶ 모든 사업 거래나 사회관계에서 필요한 선행 조건은 무엇인가?
　진리를 아는 것

▶ 진리를 알면 어떤 결과가 생기는가?
　진리에 기반한 어떤 행동이라도 그 결과를 예측할 수 있게 된다.

▶ 거짓에 기반한 행동은 어떤 결과를 낳는가?
　수반될 결과를 예측할 수 없다.

▶ 진리는 어떻게 알 수 있는가?
　진리가 우주의 핵심 요소이며 따라서 어디에나 존재한다는 사실을 앎
　으로써.

▸ 진리의 본성은 무엇인가?
영적이다.

▸ 모든 문제를 해결하는 비결은 무엇인가?
영적 진리를 적용하는 것

▸ 영적 방법은 어떤 이점이 있는가?
언제나 사용할 수 있다.

▸ 영적 방법의 필요조건은 무엇인가?
영적 능력이 전능한 힘을 지니고 있음을 깨닫고, 그 이로운 결과를 수용할 열정이 있어야 한다.

P A R T 10

10부의 내용을 완전히 통달하게 되면, 정확한 원인 없이 일어나는 일은 없다는 것을 깨닫게 될 것이다. 정확한 지식에 따라 계획을 세울 수 있게 될 것이다. 어떤 상황일지라도 적절한 원인을 작동시킴으로써 제어할 수 있을 것이다. 당신이 승리를 이루었을 때 -이는 기정사실이나 다름없지만- 그 이유가 무엇인지 알고 있을 것이다.

원인과 결과에 대한 정확한 지식이 없는 평범한 사람은 자신의 감정에 따라 행동한다. 그의 생각은 주로 자신의 행동을 정당화하기 위한 수단이다. 사업가로서 실패했을 때, 운이 없었다고 말할 것이다. 음악을 싫어하는 사람은, 음악을 값비싼 사치품이라 말할 것이다. 사무 능력이 떨어지는 사람은, 자신은 야외활동 업무에 더 적합하다고 말할 것이다. 친구가 없는 사람은, 사람들이 자신의 섬세한 매력을 못 알아본다고 할 것이다.

그는 자신의 문제점을 총체적으로 살펴보지 않는다. 간단히 말해, 그는 모든 결과는 어떤 분명한 원인의 산물이라는 사실을 모르는 채, 구차한 설명과 변명으로 스스로를 위로하려 할 뿐이다. 자기방어적으로만 생각한다.

반대로, 적합한 원인이 없는 결과는 없다는 사실을 이해하는 사람은 객관적인 태도를 보인다. 어떤 결과에 관해서든 근본적 사실을 파고든다. 그는 자유로이 진리의 발자취를 따라 어디로든 간다. 그는 사안을 총체적으로 명확히 보고, 완벽하고 공정하게 필요한 일을 한다. 그 결과, 그는 우정, 명예, 사랑과 인정 등, 세상의 모든 것을 얻게 된다.

비전은 언제나 선행하며,
반드시 실현된다.

릴리언 화이팅

01

풍요는 우주의 자연법칙이다. 이 법칙은 어디서나 명백히 증명된다. 자연은 풍요로 가득 차 있다. 어디를 둘러보아도, 자연은 후하고 넉넉하고 넘치게 공급해 준다. 어떤 피조물에도 아낌이 없다. 모든 것에서 풍요로움이 넘쳐난다. 수백만 종류의 나무와 꽃, 식물과 동물, 그리고 창조와 재창조 과정이 끊임없이 반복되는 거대한 번식 시스템 등은 자연이 얼마나 사람에게 후하게 공급해 왔는지를 알게 해준다. 모든 이에게 풍요로움이 넘친다는 사실은 분명하지만, 많은 이들이 이 풍요에 동참하지 못한다는 사실 또한 분명하다. 그들은 아직 모든 물질이 보편적으로 존재한다는 사실을 깨닫지 못했고, 마음이라는 활동적인 원리를 통해 우리가 원하는 것에 연결되게 된다는 사실도 모르고 있다.

02

모든 부는 힘의 소산이다. 소유물은 권력에 수반될 때만 가치가 있다. 사건은 권력에 영향을 미칠 때만 중요성을 지닌다. 모든 사물은 일정한 형태의 권력과 그 권력의 세기를 나타낸다.

03

전기, 화학적 친화력, 중력을 지배하는 법칙에서 드러나는 원인과 결과를 알면, 용감하게 계획을 세우고 두려움 없이 이를 실행할 수 있다. 물리적 세계를 다스리는 이런 법칙을 자연법칙이라 부른다. 하지만 모든 힘이 다 물리적 힘은 아니다. 정신적 힘과 도덕적, 영적인 힘도 존재한다.

04

영적인 힘은 높은 차원에서 존재하기에 더 우월하다. 영적인 힘으로 인해 인간은 자연의 놀라운 힘을 다스리고 만들어 내는 법칙을 발견하여, 수백 수천 명분의 일을 할 수 있었다. 시공간의 구분을 없애고 중력의 법칙을 극복할 수 있는 법칙도 발견할 수 있었다. 이 법칙의 작동 여부는 영적인 접촉spiritual contact에 달려있다. 이에 대해, 헨리 드러먼드Henry Drummond는 다음과 같이 말했다.

05

"우리가 아는 물리적 세계에는 유기체organic와 무기체inorganic가 존재한다. 광물과 같은 무기체는 식물과 동물 세계에서 완전히 분리되어 있다. 통로가 완전히 봉쇄되어 있다. 이 장벽은 한 번도 극복되지 못했다. 어떤 물질의 변화나 환경의 변형도, 화학이나 전기, 어떤 형태의 에너지나 진화도, 이 광물 세계의 원자 하나에조차 생명Life의 특성을 부여하지 못했다."

06

이 죽은 세계에 어떤 생물이 들어갈 때만 이 죽은 원자들이 생명력을 부여받을 수 있다. 이렇게 생명과의 접촉이 없으면 그들은 무기체의 영역에 영원히 갇히게 된다. 헉슬리^{Huxley}는 생명체에서만 생명체가 나올 수 있다는 생물발생설^{doctrine of Biogenesis}이 구구절절이 맞는 말이라고 말했고, 틴덜^{Tyndall}은 '오늘날 존재하는 생명체 중 이전에 존재한 생명체와 무관하게 생겨난 것이 있다는 말을 증명할만한 어떤 믿을만한 증거도 없다고 확신한다.'라고 말했다.

07

물리적 법칙은 무기체에 관해 설명할 수 있고, 생물학은 유기체의 발전에 관해 설명한다. 하지만 이 둘이 만나는 지점에 대해서 과학은 침묵한다. 자연 세계와 영적인 세계 사이에도 비슷한 통로가 존재한다. 이 통로는 자연 세계 쪽에서 봉쇄되어 있다. 문은 닫혔고, 아무도 열 수 없다. 어떤 유기적 변화나 정신적 에너지, 도덕적인 노력, 어떤 종류의 진보를 통해서도 영적 세계에 들어갈 방법은 없다.

08

식물이 광물 세계에 손을 뻗어서 생명의 신비로 변화를 일으키듯, 보편적 정신도 사람의 마음에 손을 뻗어서 새롭고, 신기하며, 놀랍고, 경이롭기까지 한 특징을 부여할 수 있다. 산업과 상업, 혹은 예술 분야에서 성공한 모든 사람은 이런 과정에 힘입어 성공을 이루었다.

09

생각은 무한함과 유한함을 연결하고, 보편성과 개인성을 연결한다.

우리는 유기체와 무기체 사이에 뛰어넘을 수 없는 장벽이 존재하며, 물질이 생명을 갖게 하는 유일한 방법은 생명을 수정시키는 것뿐임을 알게 되었다. 씨앗이 광물 세계에 손을 뻗어서 싹을 틔우고 뿌리를 내릴 때, 죽은 물질이 살기 시작하고, 보이지 않는 수없이 많은 손가락이 이 새 생명을 위해 적합한 환경을 짜깁기 시작한다. 여기에 성장의 법칙이 작용하기 시작하면서 마침내 백합이 피어나는데, "솔로몬의 모든 영광으로도 입은 것이 이 꽃 하나만 같지 못하였느니라."라는 성경 구절이 실현되는 것이다.

10

생각이 모든 창조의 근원이 되는 보편적 정신Universal Mind이라는 보이지 않는 물질에 떨어지고, 거기에 뿌리를 내릴 때, 성장의 법칙이 작동하기 시작한다. 이때 우리는 조건과 환경은 우리 생각이 외적 형태로 드러난 것일 뿐이라는 것을 깨닫게 된다.

11

이 법칙은 생각은 역동적인 에너지의 움직이는 형태이고, 그 대상과 연결할 능력이 있으며, 그 대상을 모든 창조의 보이지 않는 근원으로부터 끌어내어 보이는 곳, 즉 외적 세계에 실현할 능력이 있다는 것이다. 이 법칙에 따라, 그리고 이 법칙을 통해 모든 일이 실현된다. 이것이 당신을 "지존자의 은밀한 곳Secret Place of the Most High"로 들여보내 주며 "모든 것을 다스릴 능력을 부여할 마스터키이다. 이 법칙을 이해할 때, 당신이 무엇을 결정하면 이루어질 것이다."

12

그럴 수밖에 없다. 우리가 아는 우주의 정신이 보편적 영혼^{Universal Spirit}이라면, 우주는 보편적 영혼이 스스로를 위해 만들어 놓은 환경에 지나지 않는다. 우리는 개인화된 영혼일 뿐이고, 같은 방법으로 우리의 성장을 위해 환경을 만들고 있어야 한다.

13

이 창조력은 영적 혹은 정신적 잠재력을 깨닫는지 아닌지에 달려있으며, 진화^{Evolution}와 혼동해서는 안 된다. 창조란 외부 세계에 존재하지 않는 것을 존재하도록 만드는 일이다. 진화는 이미 존재하는 것들의 잠재력을 펼치는 일일 뿐이다.

14

이 법칙을 작동시켜 우리에게 펼쳐진 멋진 기회들을 사용하게 될 때, 우리는 우리 스스로가 이 법칙에 이바지하는 것이 없음을 기억해야 한다. 위대한 스승 예수가 말했듯이, "나 스스로 일하는 것이 아니라, 아버지께서 내 안에 계셔서 그의 일을 하시는 것"인 것이다. 우리도 똑같은 태도를 보여야 한다. 창조의 과정에서 우리가 할 수 있는 것은 없다. 단지 법칙에 순종하면, 만물 창조의 정신이 결과를 가져다줄 것이다.

15

오늘날 사람들이 하는 큰 착각은 무한의 존재가 어떤 목적이나 결과를 이루기 위해서 인간이 지식을 만들어 내야 한다고 생각하는 것이다. 이는 절대 불필요하다. 보편적 정신은 필요하다면 어떤 결과도 얻어낼 방법을 찾을 수 있다. 하지만 우리는 이상^{idela}을 만들어 내야 하며, 이 이상은 완벽한 것이어야 한다.

16

　전기의 법칙에 대해서, 우리는 이 보이지 않는 힘이 우리의 이익과 편의를 위해 수천 가지 방법으로 제어되고 사용될 수 있음을 알고 있다. 전 세계와 통신하고, 거대한 기계를 움직이고, 거의 전 세계를 밝히게 되었지만, 우리가 의식적으로 혹은 모르고 절연되지 않은 전깃줄을 만져서 전기의 법칙을 위반하게 되면, 기분 나쁘거나 심지어는 위험한 결과를 가져올 수 있음을 안다. 보이지 않는 세계를 다스리는 법칙을 제대로 이해하지 못할 경우도 같은 결과를 낳는다. 그 결과 때문에 고통을 겪는 사람들이 끊이지 않는다.

17

　인과의 법칙Law of causation은 양극polarity이 필요하며, 따라서 회로를 만들어야 한다고 설명한 바 있다. 이 회로는 우리가 법칙과 조화를 이루어야만 만들 수 있다. 그런데 우리가 법칙을 모른다면 어떻게 법칙과 조화를 이룰 수 있겠는가? 법칙이 무엇인지는 어떻게 알 수 있는가? 연구와 관찰을 통해서이다.

18

　법칙은 어디서나 작동되고 있다. 자연은 성장의 법칙을 통해 조용히, 끊임없이 자신을 드러내면서 이 법칙이 작동하고 있음을 증명하고 있다. 성장이 있는 곳에 반드시 생명이 있다. 생명이 있는 곳에는 반드시 조화가 있다. 따라서 생명이 있는 모든 것은 가장 완벽한 발전을 위해 필요한 환경과 공급원을 자기 가까이 끌어당긴다.

당신의 생각이 자연의 창조 원리와 조화를 이루게 되면 무한 정신 Infinite Mind 과도 조화를 이루게 된다. 그때 회로가 형성되고 반드시 그에 따른 결과물이 돌아오게 된다. 하지만 당신이 무한정신과 일치하지 않는 생각을 할 수도 있다. 그리하여 양극이 없다면 회로가 형성되지 않는다. 그럼 어떤 결과가 따르게 될까? 발전기는 전기를 생산하고 있는데, 회로가 차단되고 연결 콘센트도 없다면 어떤 결과가 일어나게 될까? 발전기가 멈추게 된다.

20

당신이 무한 정신과 조화를 이루지 않는 생각을 하고 그 때문에 양극을 이루지 못한다면 당신에게도 똑같은 일이 일어나게 된다. 회로가 형성되지 않고, 당신은 고립되며, 생각들이 당신에게 들러붙어서 괴롭히고 걱정하게 하고, 마침내 당신은 질병에 걸리거나 사망하게 된다. 의사는 증상을 이렇게 진단을 내리지 않을 것이다. 그는 잘못된 생각의 결과로 나타나는 여러 가지 질병을 지칭하는 그럴듯한 병명을 붙일 것이다. 하지만 원인은 바뀌지 않는다.

건설적인 생각은 반드시 창조적이고, 창조적인 생각은 반드시 조화로우며 모든 파괴적이고 경쟁적인 생각들을 없애버린다. 지혜, 강인함, 용기, 그리고 다른 모든 조화로운 상황들은 능력의 산물이며, 우리는 모든 능력이 내면으로부터 비롯됨을 보았다. 같은 논리로, 모든 결핍, 한계, 부정적인 환경은 연약함에서 비롯되며, 연약함은 단지 능력이 없는 상태일 뿐이다. 연약함의 근원은 없으며, 실체도 없다. 그러므로 그

치료법은 능력을 키우는 것뿐이다. 그리고 그 방법은 모든 능력을 키우는 방법과 같다. 훈련을 통해서다.

22

이 훈련은 당신의 지식을 적용하는 것이다. 지식은 저절로 적용되지 않는다. 당신이 적용해야 한다. 풍요는 하늘에서 떨어지거나 당신 무릎으로 떨어지는 것이 아니다. 당신이 끌어당김의 법칙을 정확히 이해하고, 분명한 특정 목적을 위해 그것을 작동시키려는 의도를 지니며, 그 목적을 실행에 옮길 때, 자연의 전이 법칙에 따라 당신이 바라는 것이 현실화하게 된다. 당신이 사업가라면, 사업은 일상적 통로를 따라 발전하고 성장할 것이다. 새롭고 흔하지 않은 사업 통로가 열릴 수도 있겠다. 그리고 이 법칙이 완전히 작동할 때, 당신이 원하는 것이 거꾸로 당신을 찾게 될 것이다.

23

이번 장에서는, 늘 앉던 곳에서 벽의 공간이나 다른 편안한 지점을 찾아라. 머릿속으로 가로 15㎝ 정도의 검은 선을 그려라. 마치 실제 벽에 선이 그어져 있는 것처럼 분명하게 선을 바라보려 노력하라. 이제 머릿속으로 두 개의 세로 선을 이 가로 선의 양쪽 끝과 맞닿도록 그려라. 또 하나의 가로 선을 두 개의 세로 선과 연결되도록 그려라. 이제 사각형이 되었을 것이다. 이 사각형을 완벽하게 바라보려 노력하라. 그렇게 할 수 있을 때, 그 사각형 속에 원을 그려라. 이제 원의 중심에 점을 하나 찍어라. 그리고 그 점을 당신 쪽을 25㎝ 정도 끌어당겨라. 이제 사각형 바닥을 가진 원뿔이 하나 생겼을 것이다. 이 그림이 전부 검은색이었음을 기억할 것이다. 이제 그림을 흰색으로, 빨간색으로, 노란색으로 바꿔보아라.

24

이렇게 할 수 있다면, 당신은 놀라운 발전을 하는 셈이며, 곧 당신 마음속의 어떤 문제에도 집중할 수 있게 될 것이다. 어떤 대상이나 목포가 생각 속에 뚜렷이 잡히면, 그것이 눈에 보이는 형태로 실현되는 것은 시간문제일 뿐이다.

질문과 대답

▶ 부란 무엇인가?
힘의 소산이다.

▶ 소유물의 가치는 무엇인가?
소유물은 능력을 부여할 때만 가치가 있다.

▶ 원인과 결과를 알면 어떤 효과가 있는가?
용기를 내어 뜻을 세우고 두려움 없이 실행하도록 해준다.

▶ 무기물의 세상에서 생명은 어떻게 생겨나는가?
생명체가 개입되어서만 가능하며, 다른 방법은 없다.

▶ 유한함과 무한함을 연결하는 고리는 무엇인가?
생각이 연결고리이다.

▶ 그 이유는 무엇인가?
보편성은 개별성을 통해서만 드러날 수 있으므로.

▶ 인과관계는 무엇에 의존하는가?

양극성에 의존한다. 회로가 형성되어야 한다. 보편성은 생명이라는 배터리의 양극이고, 개별성은 음극이며, 생각이 회로를 연결한다.

▶ 많은 이들이 조화로운 환경을 얻지 못하는 이유는 무엇인가?
법칙을 이해하지 못하기 때문이다. 양극을 형성하지 못했고, 회로를 연결하지 못했기 때문이다.

▶ 그 치료법은 무엇인가?
끌어당김의 법칙을 제대로 인식하고, 분명한 목적을 위해 실현하겠다는 의도가 있어야 한다.

▶ 그 결과는 무엇인가?
생각은 그 대상과 연결되어 그것이 현실이 되게 할 것이다. 생각은 영적인 인간의 산물이고, 영혼은 우주의 창조 원리이기 때문이다.

삶은 법칙의 지배를 받는다. 실제적이고 불변하는 법칙 말이다. 법칙은 언제 어디서나 작용한다. 모든 인간 행동은 불변의 법칙에 기반을 두고 있다. 이런 이유로, 거대 기업을 운영하는 사람들은 수십만 명의 사람 중 몇 퍼센트가 특정 상황에 반응할지 정확히 예측할 수 있는 것이다. 모든 결과가 원인에서 기인하지만, 그 결과 역시 다른 결과를 일으키는 원인이 될 수 있고, 그 다른 결과 역시 다른 원인이 될 수 있음을 기억할 필요가 있다. 그러므로 끌어당김의 법칙을 작동시킬 때, 당신이 좋은 방향으로든 아니든 수없이 큰 가능성을 지닌 일련의 인과관계를 일으킴을 기억해야 한다.

우리는 다음과 같은 말을 자주 듣는다.

"내 삶에 매우 고통스러운 일이 일어났는데, 이게 내 생각의 결과일 리는 없다. 나는 그런 결과를 일으킬만한 생각을 한 적이 없다."

우리는 정신세계에서도 유유상종의 법칙이 일어난다는 사실을 잊어버린다. 우리가 흔히 하는 생각으로 인해 친구 관계나 동료 관계가 영향을 받게 되고, 이는 다시 우리의 조건이나 환경에 영향을 미치며, 그 결과 우리가 불평하는 바로 그 환경들이 조성되게 되는 것이다.

01

귀납적 추리는 객관적 정신의 작용으로, 서로 다른 여러 상황을 비교해서 공통된 원인을 발견하는 일이다.

02

귀납법은 사실을 비교함으로써 시작된다. 이런 방법으로 자연을 연구해서 법칙의 영역을 발견했고, 이는 인류 발전에 있어 신기원을 이루었다.

03

귀납적 추리는 미신과 지성을 구분을 짓는다. 불확실성과 변덕의 요소를 인간의 삶에서 제거하고 법칙, 이성, 확실함으로 대체하였다.

04

앞부분에서 언급한 "문지기"가 바로 이것이다.

05

이 법칙 덕분에, 감각이 익숙해 있던 세상에 혁명이 일어났으니, 태양이 지구를 돌던 것을 멈추고, 겉보기에 평평하던 지구가 공 모양이 되어 태양 주위를 돌기 시작했다. 죽은 물질이 분해되어 움직이는 요소들로 나뉘고, 망원경과 현미경을 가지고 우주 어디를 보든 간에 힘과 역동성, 생명력이 드러나게 되었다. 이제 우리는 우주의 섬세한 형태의 유기체들이 어떻게 질서 있게 보존되는지 묻지 않을 수 없다.

06

같은 극과 같은 힘은 서로 밀어내고 합해질 수 없으며, 대체로 이런 이유로 별과 사람, 힘들 사이에 적절한 거리와 위치가 부여되는 것이다. 다른 장점을 가진 사람들끼리 협력하듯이, 반대되는 극이 서로를 끌어당기며, 산과 가스처럼 공통점이 없는 물질들이 서로 잘 결합하고, 과잉과 수요 사이에 거래가 활발히 이루어지는 것이다.

07

인간의 눈이 보색을 보면서 만족감을 느끼듯이, 필요와 욕구, 열망도 큰 의미에서 행동을 유발하고 지시하며 결정한다.

08

원칙을 인식하고 그에 따라 행동할 수 있다는 것은 특권이다. 퀴비에는 멸종동물의 치아를 연구했다. 이 치아가 기능하려면 몸이 있어야 하고, 그 신체를 정확히 추론해 냄으로써, 퀴비에는 그 동물의 골격을 재구성할 수 있었다.

09

천왕성의 움직임에서는 섭동perturbations, 태양계의 천체가 다른 행성의 인력으로 말미암아 타원 궤도에 약간의 변화를 일으키는 일이 포착된다. 르 베리에는 태양계가 질서를 유지하려면 특정한 자리에 행성이 하나 더 필요하다고 생각했고, 그가 지정한 장소와 시간에서 해왕성을 발견했다.

10

동물의 본능적 욕구와 퀴비에의 지성적 욕구, 그리고 자연의 필요와 르 베리에의 마음은 같았다. 그 결과, 먼저 존재에 관한 생각이 있었고, 그다음 존재를 발견했다. 정당하고 정확한 욕구가 있으면 더 복잡한 자연의 운행이 생겨난다.

11

인간은 자연이 제공한 해답들을 정확히 기록했고, 발전하는 과학을 통해 자연에 대한 우리의 감각의 지평을 넓혔다. 지구를 움직이는 지렛대를 손에 넣었다. 매우 가깝고 다양하고 깊게 외부세계를 접하게 되었으며, 그로 인해, 시민의 삶과 자유, 행복이 정부의 존재와 하나가 되듯이, 우리의 욕구와 목표도 이 거대한 자연의 조화로운 운행과 일치하게 되었다.

12

개인의 이익이 스스로의 힘뿐만 아니라 국가의 군사력에 의해 보호받듯이, 그리고 개인의 필요가 얼마나 보편적이고 꾸준하게 느껴지는가에 따라 공급되는 정도가 달라지듯이, 자연 공화국에서 의식적인 시민권을 가지게 되면 우리는 우월한 권력들과 연합하게 되어 하급 대리

인들의 괴롭힘으로부터 보호받고, 기계나 화학 물질에 부여되는 저항과 유도의 근원적인 법칙들에 의존함으로써 사람에게 이익이 되는 방향으로 기계와 사람 사이에 노동을 분배할 수 있다.

13

플라톤이 사진가의 도움을 받아 태양 빛에 의해 찍혀진 사진을 보았다거나, 귀납법을 통해 사람이 하는, 이와 비슷한 수백 가지의 예시를 볼 수 있었다면, 그는 자기 스승이 행했던 지적인 산파술이 떠올랐을 것이다. 그리고 그의 마음속에 모든 육체적 기계적 노동과 반복이 자연의 힘에 맡겨지고, 우리의 욕구가 단지 의지로 움직이는 정신 활동으로만 채워지며, 수요에 의해 공급이 창조되는 세상이 떠올랐을 것이다.

14

그 세상이 아무리 멀게 느껴질지라도 귀납법 덕분에 인간은 이를 향해 나아가야 한다는 것을 배웠으며, 지난날의 충성에 대한 보답이자 앞으로 더욱 헌신할 동기를 얻었다.

15

귀납법은 우리가 남은 생애 동안 우리의 기능을 집중하고 강화하는 데 도움이 될뿐더러, 가장 순수한 형태의 정신작용만으로도 개인과 세상의 문제에 대한 확실한 해답을 제공한다.

16

이 방법의 핵심은 어떤 일을 이루기 위해서는 추구하는 일이 이미 이루어졌다고 믿어야 한다는 점이다.

17

이 방법은 플라톤에게서 전해진 것인데, 그도 이 방법이 아니었다면 생각을 현실화시키는 방법을 찾지 못했을 것이다.

18

스베덴보리 역시 "교통의 법칙 Doctrine of Correspondences"에서 이에 관해 이야기했으며, 더 위대한 스승 예수는 "무엇이든지 기도하고 구하는 것은 받은 줄로 믿어라. 그리하면 너희에게 그대로 되리라."마가복음 11장 24절라고 말했다. 이 구절에서 시제 차이는 놀랍다.

19

우리가 먼저 우리의 소원이 이미 이루어졌다고 믿을 때 실제로 소원이 현실화될 것이다. 이는 이미 기정사실로 믿고 있는 특정한 일을 보편적 정신에 각인시키는 방법을 통해 생각의 창조력을 활용하는 간단한 지침이다.

20

그러므로 우리는 절대성의 차원에서 생각하고 모든 조건과 제약에 대해서는 생각하지 말아야 한다. 씨앗을 심고 방해하지 않는다면 마침내 자라나 밖으로 열매를 맺게 될 것이다.

21

정리해 보자. 귀납적 추리는 보편적 정신의 작용이고, 여러 다른 상황들을 비교해서 그 모두를 일으키는 공통분모를 찾아내는 것이다. 지구상 모든 문명국가의 사람들은 스스로가 이해할 수 없는 과정을 통해 결과를 얻고 있으며, 그렇기에 이 과정을 다소 신비하다고 여긴다. 우리에게는 이성이 주어져서 이러한 결과가 얻어지는 법칙을 발견할 수 있게 되었다.

22

이런 사고 과정은 몇몇 행운아들에게 보이는데, 이들은 다른 이들이 수고해야만 얻을 수 있는 것들을 타고난 사람들이다. 언제나 올바르게 행동하기에 양심에 거리낄 것이 없으며, 재치 있게 행동하며, 모든 것을 빨리 배우고, 시작한 일은 모두 말끔하게 처리하며, 그들이 하는 일을 돌아보거나 어려움을 겪지 않고 언제나 조화롭게 살아간다.

23

이 생각의 열매는 말하자면 신의 선물과도 같은데, 아직 이 선물을 깨닫고 감사하며 이해하는 사람은 없다. 적절한 상황에서 정신이 지니는 이 놀라운 힘을 깨닫고, 이 힘을 활용하고 지시하며 인간의 모든 문제를 해결하는 데 사용할 수 있음을 아는 것이 무엇보다 중요하다.

24

현대 과학의 용어로 기술되었건 성경 시대의 언어로 기술되었건 간에, 모든 진리는 같다. 소심한 사람들은 진리는 완벽하기에 다양한 방식으로 표현되어야 한다고 생각하며, 한 가지 방법으로는 진리의 모든 면을 보여줄 수 없다고 생각한다.

25

어떤 이들의 생각처럼 변화, 강조, 새로운 용어, 새로운 해석, 생소한 관점의 등장으로 인해 진리로부터 멀어지는 것이 아니다. 오히려 그 반대로, 이는 진리가 인간의 요구와 맞물려 새롭게 해석되고 있으며, 더욱 폭넓게 이해되고 있다는 증거이다.

26

진리는 각 세대에게 그리고 모든 사람에게 적합한 새롭고 다른 용어로 전해져야 한다. 그래서 위대한 스승인 예수는, "받은 줄로 믿어라 그리하면 너희에게 그대로 되리라."라고 했고, 사도 바울은 "믿음은 바라는 것들의 실상이요 보이지 않는 것들의 증거니"라고 했으며, 현대 과학에서는 "끌어당김의 법칙에서는 생각이 그 대상과 연결된다."라고 한다. 각각의 말을 분석해 보면 정확히 같은 진리를 내포하고 있음을 알게 된다. 유일한 차이점은 표현 방식뿐이다.

27

새로운 시대가 우리의 코앞에 다가와 있다. 인류가 완성의 비결을 터득하고 이제까지 누구도 꿈꾸지 못한 놀라운 새 사회 질서가 준비되고 있다. 현대 과학과 신학의 충돌, 종교 간 비교 연구, 새로운 사회 운동의 강력한 힘 등은 모두 새로운 질서를 예비하는 일일 뿐이다. 낡고 무력해진 전통적 방식은 사라졌을지 모르나, 진정한 가치는 사라지지 않았다.

28

새로운 믿음이 생겨났고, 이 믿음은 새로운 표현 방식이 있어야 한다. 이는 오늘날 곳곳에서 볼 수 있는 영적 활동들 속에서 나타나는 능력을 깊이 인식하는 과정에서 그 형태를 만들어나가고 있다.

29

광물 속에서 잠자며, 야채 속에서 숨을 쉬고, 동물 속에서 움직이며, 인간 속에서 가장 발달한 형태로 나타나는 이 영혼은 보편적 정신이다. 우리는 우리에게 주어진 권한을 사용함으로써, 존재와 행위, 이론과 실제 사이의 틈을 메워 나가야 한다.

30

생각의 힘은 역사상 가장 위대한 발견이다. 이 발견의 중요성이 대중들에게 알려지는 데 시간이 걸렸지만, 이제는 어느 정도 단계에 이르렀고, 현재는 이미 모든 연구 분야에서 이 위대한 발견의 중요성이 증명되고 있다.

31

생각의 창조력이 어디에 있느냐고 물을 수도 있다. 그것은 생각을 만들어 내는 데 있으며, 생각은 다시 물질과 힘을 차용하고, 발명하고, 관찰하고, 구별하고, 발견하고, 분석하고, 지배하고, 다스리고, 합하고, 적용함으로써 객관적으로 물질화된다. 이는 생각이 지능을 가진 창조력이기에 가능하다.

32

생각은 신비로운 깊은 경지로 들어갈 때 가장 고결한 활동에 도달하게 된다. 자아의 좁은 반경을 넘어 여러 진리를 지나 영원한 빛의 영역에 도달하게 되는 것이다. 그때, 과거에 존재했고, 존재하고 있으며, 앞으로 존재할 모든 것들이 하나의 거대한 조화 속으로 녹아들게 된다.

33

이러한 자기 숙고의 과정으로부터 창조적 지성이라는 영감을 얻게 된다. 이것은 부정할 여지 없이 자연의 모든 요소, 힘, 법칙보다 뛰어나다. 영감이 있으면 이것들을 이해하고 바꾸고 지배하며 스스로의 목적과 목표에 맞게 적용할 수 있고, 따라서 그것들을 소유할 수 있기 때문이다.

34

지혜는 이성이 깨어날 때 시작된다. 이성은 우리가 사물의 진정한 의미를 알게 해주는 지식과 원리를 이해하는 것에 지나지 않는다. 그러므로 지혜는 개화된 이성이다. 겸손은 지혜의 큰 부분이기에 지혜가 있으면 자연스레 겸손하게 된다.

35

우리가 아는 많은 사람은 불가능해 보이는 일을 성취했고, 일생일대의 꿈을 이루었으며, 자기 자신을 포함한 모든 것을 바꾸어 놓았다. 우리는 때때로 필요할 때면 언제나 나타나는 것처럼 보이는 매혹적인 능력을 보고 경이로움을 느끼곤 했는데, 이제는 그 원인을 안다. 분명한 기본원리를 이해하고 이를 적절히 적용하기만 하면 되는 것이다.

36

이번 장에서의 훈련을 위해, 다음의 성경 구절에 집중해 보자.

"무엇이든지 기도하고 구하는 것은 받은 줄로 믿어라. 그리하면 너희에게 그대로 되리라."

한계란 없음을 기억해라. "무엇이든지"가 분명히 암시하는 바는, 우리에게 주어진 유일한 한계란 생각하는 능력, 상황에 흔들리지 않는 능력, 위기에 대처하는 능력, 그리고 믿음은 그림자가 아니라 실상이라는 점을 기억하는 능력뿐이라는 점이다. "믿음은 바라는 것들의 실상이요 보이지 않는 것들의 증거"인 것이다.

생생한 생각은 그것을 그려낼 힘을 동반한다.
생각의 깊이에 따라 그것을 실현할 힘도 달라진다.

에머슨

질문과 대답

▶ 귀납적 추리란 무엇인가?

보편적 정신의 작용으로, 이를 통해 여러 개별 사례들을 서로 비교하여
그들 모두의 원인이 되는 공통 요인을 발견해 내는 것이다.

▶ 이 연구 방법으로 이룬 업적은 무엇인가?

법칙의 영역을 발견했고, 이는 인류 발전에 있어 신기원을 이루었다.

▶ 행동을 인도하고 결정하는 것은 무엇인가?

필요와 욕구, 바람이며, 이들은 넓은 의미에서 행동을 일으키고 인도하
고 결정한다.

▶ 모든 개인의 문제에 있어서 틀림없는 해답을 주는 비결은 무엇인가?

우리의 소망이 이미 이루어졌다고 믿는 것이다. 그러면 성취될 것이다.

▶ 이것을 말한 위대한 스승들은 누구인가?

예수, 플라톤, 스베덴보리

▶ 이런 사고 과정은 어떤 결과를 낳는가?

우리는 절대성의 차원에서 생각하고, 씨앗을 심게 되는데, 이 씨앗은 방

해하지 않고 두면 싹을 터서 열매를 맺게 된다.

▶ 이것이 과학적으로 옳은 이유는 무엇인가?

자연법칙이므로

▶ 믿음이란 무엇인가?

"믿음은 바라는 것들의 실상이요 보이지 않는 것들의 증거"이다.

▶ 끌어당김의 법칙은 무엇인가?

믿음이 현실로 나타나는 법칙

▶ 이 법칙을 이해하는 것이 중요한 이유는 무엇이라고 생각하는가?

불확실성과 변덕의 요소를 인간의 삶에서 제거하고 법칙, 이성, 확실함
으로 대체하였으므로.

이제 12부를 시작한다. 네 번째 문단에서 다음과 같은 선언을 보게 될 것이다. "먼저 당신의 능력에 대해 알고, 두 번째로 도전할 용기를 가지며, 세 번째로 그렇게 할 수 있다는 신념을 가져라."

앞으로 제시될 생각에 집중하고 온 신경을 거기로 기울이면, 각 문장에서, 많은 의미를 발견할 것이고, 그 생각과 조화를 이루는 다른 생각들도 끌어당기게 될 것이다. 그리고 머지않아 당신이 집중하고 있는 그 지식이 얼마나 중요한 것인지 알게 될 것이다. 지식은 저절로 적용되지 않는다. 우리 개인들이 적용해야 한다. 그리고 그 적용이란, 활기찬 목적으로 생각을 풍요롭게 만드는 것을 의미한다.

대부분 사람이 의미 없는 노력 속에 낭비하는 시간과 생각은, 분명한 목적을 가지고 인도하면 기적을 일으킬 수도 있다. 그러기 위해서는, 특정한 생각에 정신력을 집중하고 다른 생각들이 사라질 때까지 그 상태를 유지해야 한다. 비디오카메라의 뷰파인더를 들여다본 적이 있다면, 대상의 초점이 맞지 않을 때, 맺히는 상이 불분명하고 흐릿하기도 한 것을 알 것이다. 하지만 초점이 적절히 맞았을 때 보이는 상은 또렷하고 분명하다. 집중력의 힘이 이런 것이다. 바라보는 대상에 집중하지 않으면 당신은 흐릿하고 모호한 이상의 테두리만을 보게 될 뿐이다. 그리고 당신의 정신 상태 역시 그와 같을 것이다.

실현될 수 없는 생각은 없다. 처음 생각을 말로 내뱉은 사람은 제안자일 뿐이지만,
이를 실행할 사람은 반드시 나타난다.

윌슨

01

생각의 창조력을 과학적으로 이해할 때, 성취하지 못할 삶의 목표는
없다.

02

이 사고능력은 모두가 지니고 있어야 한다. 사람은 생각하므로 존재
한다. 사람의 사고능력은 무한하며, 그렇기에 그의 창조력 또한 무한
하다.

03

우리의 생각이 우리가 생각하는 것을 지어서 우리에게로 가까이 가
져온다는 것을 알고 있다. 그런데도 우리는 공포, 불안, 실망 등의 강
력한 힘을 가진 생각들을 쫓아내지 못한다. 이런 생각들은 계속해서
우리가 바라는 것들을 멀리 떠나보낸다. 결국 한 걸음 전진, 이 보 후퇴
인 셈이다.

04

후퇴하지 않는 유일한 방법은 앞으로 나아가는 것이다. 성공을 위해서는 끊임없이 경계해야 한다. 여기에는 세 가지 단계가 있는데, 매 단계 모두가 절대적으로 필요한 것이다. 먼저 당신의 능력에 대해 알고, 두 번째로 도전할 용기를 가지며, 세 번째로 그렇게 할 수 있다는 신념을 가져라.

05

이를 바탕으로, 이상적인 사업, 이상적인 집, 이상적인 친구들, 그리고 이상적인 환경을 건설할 수 있다. 당신에게 재료와 비용의 제약은 없다. 생각은 전능하며, 필요한 것은 무엇이든 무한한 재료의 은행에서 끌어올 수 있는 능력이 있다. 무한한 자원이 당신 손에 있다.

06

하지만 당신의 이상은 날카롭고, 뚜렷하며, 분명해야 한다. 오늘 어떤 이상을 가지고, 내일은 다른 것을, 그리고 다음 주에는 또 다른 이상을 가진다면, 힘을 낭비하게 되고 아무것도 성취하지 못한다. 거기서 얻어지는 결과로 낭비된 재료들이 무의미하고 혼란스럽게 뒤섞여 있게 될 것이다.

07

안타깝게도 많은 이들이 이런 결과를 얻고 있으며, 그 이유는 자명하다. 조각가가 대리석 조각과 조각칼로 작업을 시작해서 15분마다 생각을 바꾼다면 어떤 결과를 기대할 수 있겠는가? 그렇다면 모든 원료 중에서 가장 위대하고 가장 형태를 바꾸기 쉬운, 가장 훌륭한 원료를 빚을 때, 왜 다른 결과가 나오리라 기대하는가?

08

우유부단과 부정적 생각의 결과는 종종 물질적 부의 상실로 나타난다. 수년간 고생하고 노력해서 얻을 뻔했던 경제적 자립이 한순간에 사라졌다. 돈과 재산이 전혀 자립을 보장하지 않음도 종종 깨닫게 된다. 반대로, 유일한 자립은 생각의 창조력을 실용적으로 활용하는 지식에 있다.

09

이 실용적 방법은 당신이 가지고 있는 유일한 능력은 스스로를 숭고한 불변의 원칙에 맞출 능력임을 깨달을 때 얻어진다. 우리가 무한의 존재를 바꿀 수는 없지만, 자연의 법칙을 이해할 수는 있다. 이 법칙을 이해하게 되면, 사고 도구들을 무소 부재한 보편적 생각에 맞출 능력이 있음을 깨닫게 된다. 전능한 힘과 협력할 수 있는 능력은 당신이 이룰 성공의 정도를 나타내는 지표이다.

10

생각의 힘과 비슷해 보이는 가짜가 많이 있지만, 그 결과는 유익하기보다는 해로운 것들이다.

11

물론 걱정, 두려움 그리고 모든 부정적인 생각들은 그 본성에 따르는 결과를 가져오기 마련이다. 이런 생각을 하는 사람들은 반드시 자기가 뿌린 것을 거두게 되어있다.

12

소위 물질을 만들어 낸다는 심령주의 집회를 통해 증거와 실증을 마구 찾으려는 기현상 추구자들이 있다. 그들은 마음의 문을 열어서 정신세계에서 가장 해로운 흐름을 받아들인다. 이런 생각의 형태들이 떠오르는 것은 부정적이고 수용적이며 수동적으로 되어서 자신의 활력을 모두 소진하기 때문이라는 사실을 깨닫지 못하는 듯하다.

13

힌두교 숭배자들은, 소위 달인이라 불리는 사람들이 행하는 물질화 현상에서 힘의 근원을 본다. 이들은 의지가 사라지는 순간, 형태는 시들고, 형태를 구성하는 힘도 사라진다는 사실을 잊거나 깨닫지 못한다.

14

텔레파시, 혹은 생각의 전이는 많은 사람의 주목을 받아왔다. 하지만 이는 수용자 측에서 부정적인 정신 상태를 가져야 하므로 해로운 방법이다. 어떤 소리나 자연을 생각으로 보낼 수도 있지만, 원칙을 어긴 대가를 치르게 된다.

15

많은 경우, 최면은 대상자와 시술자 모두에게 매우 위험하다. 정신세계의 법칙에 익숙하지 않은 사람은 다른 이의 의지를 장악하려 하지 않을 것이다. 왜냐하면 그렇게 할 때 점점 ^{하지만 분명히} 스스로의 힘을 빼앗기게 될 것이다.

16

이 모든 잘못된 방식들은 일시적인 만족을 주며, 어떤 이들에게는 강렬한 만족을 주기도 한다. 하지만 내면세계의 힘을 진정으로 이해하게 되면 그것과는 비교할 수 없을 정도의 매력을 느끼게 된다. 이 힘은 사용할수록 커진다. 잠시 스쳐 지나가는 것이 아니라 영원한 것이다. 이 힘은 과거의 실수나 잘못된 생각이 결과에 대한 치료 약이 될 수 있을 뿐 아니라, 모든 형태의 위험으로부터 보호하는 예방약이 될 수도 있다. 마지막으로, 새로운 조건과 환경을 만드는 실질적인 힘이 된다.

17

법칙에 의하면 생각은 그 대상과 연결되며, 정신세계에서 생각한 것은 그대로 물질세계에서 이루어진다. 모든 생각에 진리의 싹이 잠재되어 있어야만 성장의 법칙이 선^{good}을 실현할 것임을 알아야 한다. 오직 선만이 영원한 힘을 선사하기 때문이다.

18

생각을 그 대상과 연결해주고, 그로 인해 삶의 역경을 이겨낼 역동적 힘을 제공하는 원칙은 끌어당김의 법칙, 다른 말로 사랑이다. 사랑은 영원하고 핵심적인 원칙으로, 만물에 내재하며, 모든 철학과 종교, 과학 체계에 내재한다. 사랑의 법칙을 벗어날 수는 없다. 사랑은 생각에 생명력을 주는 느낌이다. 감정은 욕망이고, 욕망은 사랑이다. 사랑이 깃든 생각을 이길 수 있는 것은 없다.

19

이 진리는 생각의 힘을 이해하는 어디서나 강조된다. 보편적 정신은 지성일 뿐 아니라 원료이기도 하다. 이 원료는 끌어당김의 법칙^{인력의 법칙}에 따라 전자들을 끌어당겨 원자를 만들고, 다시 같은 법칙에 따라 원자들이 모여서 분자를 만들며, 분자는 외적인 형태를 띤다. 따라서 사랑의 법칙은 원자뿐 아니라 세계, 우주, 그리고 우리가 상상할 수 있는 모든 것을 창조하는 힘이다.

20

이 놀라운 끌어당김의 법칙이 작용하기 때문에, 역사를 통틀어 사람들은 그들의 호소와 소망에 반응하고, 그들의 요구에 따라 일을 계획하는 누군가가 있다고 믿어왔다.

21

생각과 사랑이 더해질 때, 끌어당김의 법칙이라고 하는 거부할 수 없는 힘이 형성된다. 중력의 법칙, 전기의 법칙, 그리고 그 외 수학적 정확성에 의해 작동하는 법칙 등, 모든 자연법칙은 거부할 수 없는 것이다. 변동은 없다. 분배 채널이 불완전할 뿐이다. 다리가 무너졌다고 해서, 우리는 중력의 법칙에 변동이 있어서 붕괴하였다고 하지 않는다. 불이 켜지지 않는다고 해서, 전기를 지배하는 법칙을 믿을 수 없다고 결론짓지 않는다. 만일 미숙하거나 잘 알지 못하는 사람에 의해서 끌어당김의 법칙이 불완전하게 작동된다고 해서, 피조물 세계가 의지하는 가장 위대하고 틀림없는 법칙이 멈추었다고 결론지어서는 안 된다. 단지 법칙을 더 잘 이해할 필요가 있다고 생각해야 한다. 어려운 수학 문제의 답을 항상 쉽사리 얻을 수 없는 것과 같은 이유이다.

22

무엇이든 바깥으로 행동이나 사건으로 드러나기 전에 정신적 혹은 영적 세계에서 먼저 만들어진다. 오늘 우리의 생각을 지배하는 간단한 방법을 통해 미래, 아니 어쩌면 내일 당장 우리 삶에 벌어질 사건을 만들어 내는 데 도움을 준다. 자신이 소망하는 것을 잘 일구어 나가는 것은 끌어당김의 법칙을 작동시키는 가장 강력한 방법이다.

23

인간은 체계적인 존재이기에 먼저 생각할 힘을 얻을 도구를 만들어 내야 한다. 정신은 새로운 생각을 받아들일 생동력 있는 뇌세포가 만들어지기 전까지는 그 생각을 완전히 이해할 수 없다. 그렇기에 완전히 새로운 생각을 받아들이거나 인정하기가 힘든 것이다. 그것을 받아들일 역량을 가진 뇌세포가 아직 없으므로 회의적인 태도를 보인다. 믿지 못한다.

24

그러므로 만일 당신이 이 끌어당김의 법칙이 지닌 전능한 힘과 그 힘을 작동시킬 수 있는 과학적 방법에 대해 잘 모른다면, 혹은 이 법칙이 제공하는 자원을 활용할 능력이 있는 사람들에게 펼쳐지는 무한한 가능성에 대해 잘 모르고 있다면, 지금부터 그 무한한 능력을 이해하는 데 필요한 뇌세포를 만들어 내자. 자연의 법칙과 협력하면 그 힘은 당신 것이 될 것이다. 집중력과 주의력을 발휘함으로써 이것을 이루어낼 수 있다.

25

의도가 주의력을 지배한다. 힘은 휴식으로부터 나온다. 깊은 생각, 지혜로운 말, 그리고 강력한 잠재력을 지닌 모든 힘은 주의력을 발휘할 때 얻게 된다.

26

모든 능력의 근원인 잠재의식의 전능한 힘을 접하게 되는 것은 침묵 속에서이다.

27

지혜와 능력, 지속적인 성공을 바라는 사람들은 그것을 내면에서만 찾을 수 있다. 그것을 서서히 펼쳐져서 보인다. 생각 없는 사람들은 침묵이 간단하고 쉽게 얻을 수 있는 것으로 생각할 수도 있다. 하지만 우리는 완전한 침묵 속에서만 신의 존재에 닿을 수 있으며 불변의 법칙을 배울 수 있음을 기억해야 한다. 그리고 꾸준한 훈련과 집중을 통해서 완벽함에 이를 수 있는 통로를 열 수 있다는 것도 기억해야 한다.

28

이번 장에서는, 이전과 같은 방에 가서 같은 의자에 앉아 같은 자세를 취하라. 몸과 마음의 긴장을 풀고 이완하는 것을 잊지 마라. 언제나 이 상태를 유지하고, 절대 압박 상황에서 정신적인 일을 하지 마라. 근육과 신경의 긴장을 모두 이완하고 완전히 편안한 상태를 유지하라. 이제 전능한 존재와 하나 됨을 느껴라. 그의 능력을 접하고, 당신의 사고능력은 보편적 정신에 따라 행동하는 능력임을 깊이 이해하고, 인정하며, 깨달아라. 그리고 이를 실현하라. 이것으로 모든 필요조건을 채울 만큼 충분함을 깨달아라. 다른 누군가가 과거에 가졌거나 앞으로 가질 그 잠재력이 당신에게도 똑같이 있음을 깨달아라. 각 개인은 보편적 정신이 각각으로 표현된 것에 불과하며 보편적 정신의 부분일 뿐이기 때문이다. 따라서 종류나 질에는 차이가 없고, 다만 정도의 차이가 있을 뿐이다.

질문과 대답

▶ 인생의 목표를 이루는 가장 좋은 방법은 무엇인가?

생각의 영적 속성을 과학적으로 이해하는 것

▶ 이를 위해 절대적으로 필요한 세 가지 단계는 무엇인가?

먼저 자신의 능력에 대해 알고, 두 번째로 도전할 용기를 가지며, 세 번째로 그렇게 할 수 있다는 신념을 가지는 것.

▶ 실용적인 적용 지식은 어떻게 얻어지는가?

자연법칙을 이해함으로써

▶ 이러한 법칙을 이해할 때 어떤 보상을 받는가?

신성한 불변의 법칙에 따라 살아갈 수 있는 능력이 있음을 깨닫게 된다.

▶ 우리가 이룰 수 있는 성공을 나타내는 지표는 무엇인가?

우리가 무한의 존재를 바꿀 수 없으며 그와 협력해야 한다는 것을 이해하는 정도에 따라 성공의 정도가 달라진다.

▶ 생각에 역동적 힘을 부여하는 원칙은 무엇인가?

떨림에 의존하는 끌어당김의 법칙이며 이는 다시 사랑의 법칙에 의존한다. 사랑이 깃든 생각을 이길 수 있는 것은 없다.

▸ 이 법칙을 거부할 수 없는 이유는?
자연법칙이기 때문이다. 모든 자연법칙은 거부할 수 없고, 바꿀 수 없으며, 수학적 정확성을 가지고 작동한다. 예외는 없다.

▸ 그렇다면 우리 삶의 문제에 대한 해답을 찾는 게 어려운 이유는 무엇인가?
어려운 수학 문제에 대한 해답을 찾기 힘든 것과 같은 이유이다. 작동하는 사람이 잘 모르거나 미숙하기 때문이다.

▸ 정신이 완전히 새로운 생각을 받아들이지 못하는 이유는 무엇인가?
그 생각을 받아들일 수 있는 뇌세포가 없기 때문이다.

▸ 지혜는 어떻게 얻을 수 있는가?
집중함으로써 얻을 수 없다. 그것은 서서히 펼쳐지듯 보게 되며, 내부로부터 나온다.

자연과학은 현재 우리가 살고 있는 이 놀라운 발명의 시대를 가능케 했다. 반면 정신과학은 이제 겨우 시작 단계이며 그 가능성은 아무도 예측할 수 없다. 과거 정신과학은 무지하고, 미신적이며, 신비한 것을 좋아하는 사람들의 관심사였지만, 이제 사람들은 확실한 방법과 증명된 사실에만 관심을 가지게 되었다. 우리는 생각이 정신 과정이며, 비전과 상상력이 행동과 사건에 선행되어야 하며, 몽상가의 시대가 도래했음을 알게 되었다. 이와 관련해서 허버트 카프만 Herbert Kaufman 의 다음 말은 흥미롭게 다가온다.

"그들은 위대한 것들의 건축가이며, 그들의 비전은 영혼 속에 잠자고 있다. 그들은 의심의 베일과 안개를 넘어 앞을 응시하고, 도래하지 않은 시대의 벽을 뚫는다. 벨트 달린 바퀴, 강철의 자국, 돌아가는 나사는 그들이 마술 카펫을 짜는 방직기의 부품과도 같다. 제국의 창시자들은 왕관보다 큰 것과 왕좌보다 높은 자리를 위해 싸웠다. 당신의 집은 몽상가가 발견한 땅 위에 지어졌다. 그 집의 벽에 걸린 그림들은 몽상가의 영혼에서 나온 비전이다. 그들은 선택받은 소수이며 길을 개척하는 사람들이다. 벽은 무너지고 제국은 멸망한다. 해일이 바다로부터 쓸려와서 바위 위의 요새를 무너뜨린다. 부패한 국가들은 시간의 가지로부터 떨어지고, 유일하게 살아남는 것은 몽상가가 만들어 내는 것들뿐이다."

다음에 이어질 13부에서는 몽상가의 꿈이 이루어지는 이유에 관해 이야기할 것이다. 몽상가와 발명가, 작가, 자본가들이 소망을 이루도록 하는 인과관계의 법칙에 관해 설명하려 한다. 우리가 마음속에 그린 것들이 마침내 우리의 것이 되도록 해주는 법칙에 관해 설명할 것이다.

01

덜 흔하고 예외적인 것들을 일반화함으로써 일상의 사실들을 설명하고자 하는 것이 과학이 이제까지 보여온 경향이고 또 그래야만 했다. 예를 들어, 화산이 폭발하면 열을 내뿜게 되는데, 이 열은 지구 내부에서 끊임없이 활동하는 것이고, 또 지구의 구성이 이 열에 의해 만들어졌다고 하는 식이다.

02

또한 번개는 무생물의 세계에서 끊임없이 변화를 일으키는 미묘한 힘을 드러내 보여준다. 그리고 지금은 거의 사용되지 않는 언어가 한때는 여러 나라에서 사용되었듯이, 시베리아에서 발견된 거대한 치아나 땅속 깊은 곳에서 발견된 화석이 과거 진화의 흔적을 보여줄 뿐 아니라, 오늘날 우리가 사는 언덕과 계곡의 기원에 대해서도 설명해 준다.

03

이와 같은 방식으로, 진귀하고 이상하며 예외적인 사실들을 일반화하는 것은 자침磁針처럼 귀납적 과학을 모든 발견으로 이끌었다.

04

이 방법은 이성과 경험에 기반하고 있으며, 미신과 선례와 인습을 타파했다.

05

베이컨이 이 연구 방법을 제안한 지 거의 300년이 흘렀다. 이 방법은 문명화된 국가들이 번영을 이루고 귀중한 지식을 얻는데 이바지한 바가 크다. 편협한 선입견과 특정 이론들로부터 벗어나게 하는데 예리한 풍자보다도 더 효과적이었다. 사람들의 무지를 억지로 드러내 보이는 것보다, 놀라운 실험을 통해 더 성공적으로 인류의 관심을 종교로부터 현실로 끌어냈다. 정신의 고유한 법칙을 계몽하기보다는, 가까운 시기에 유용한 발견들이 모두의 눈앞에 펼쳐져 보여질 것이라는 전망을 보여줌으로써, 창의적 능력을 더 강력하게 키울 수 있었다.

06

베이컨의 방법은 위대한 그리스 철학자들의 정신과 목표를 붙들고 이를 새로운 시대가 선사한 관찰 방법을 통해 실현해 내었다. 이로 인해 점차로, 천문학의 무한한 우주공간에서, 발생학의 아주 작은 알에서, 지질학의 잘 알려지지 않은 시대에서 놀라운 지식을 찾아내었다. 또한 아리스토텔레스의 논리로는 절대 밝혀낼 수 없었을 파동의 질서를 밝혀냈고, 학자들의 변증법으로는 분리할 수 없었던 물질의 조합을 미지의 요소들로 분석할 수 있었다.

07

귀납적 과학 덕분에 인간의 수명이 연장되었고, 고통이 줄어들었으며, 질병이 사라졌고, 토지 생산성이 향상했으며, 바다를 항해하기가 안전해졌고, 선조들이 상상도 못 하던 형태의 다리가 강들을 연결하게 되었다. 또한, 번개가 하늘에서 땅으로 스며들게 하고, 밤을 낮처럼 밝히게 되었으며, 인간의 시야 범위를 넓혔고, 인간 근육의 힘을 배로 증가시켰고, 움직임을 가속화시켰으며, 거리를 단축시켰고, 왕래, 연락, 사적 방문, 업무상 파견 등을 촉진시켰다. 인간이 바다 깊숙한 곳까지 내려갈 수 있게 되었고, 하늘로 날아오를 수 있게 되었으며, 지구의 위험한 깊은 곳에도 안전하게 파고들 수 있게 되었다.

08

이것이 귀납법의 참된 속성이자 영역이다. 하지만 인간이 귀납적 과학을 통해 이룬 성공이 위대할수록, 그 교훈의 논지와 예시를 보건대, 우리는 모든 도구와 자원을 활용하여 각각의 사실을 조심스레, 인내심을 가지고, 정확히 관찰한 후 보편적 법칙을 공표해야 함을 깨닫게 된다.

09

모든 상황에서 전기 기계로부터 방출되는 스파크를 확인하기 위해, 우리는 프랭클린이 번개의 속성을 알기 위해 구름으로 연을 날렸던 것에서 확신을 얻을 수도 있다. 갈릴레오가 말했던 물체가 정확성을 가지고 낙하하는 방법을 확인하기 위해, 뉴턴처럼 달과 지구 사이를 묶어놓는 만유인력을 참고할 수도 있다.

10

요약하자면, 진리에 가치를 두고, 꾸준하고 보편적인 발전을 소망하며, 달갑지 않은 사실들에 대해서 폭군처럼 선입견을 품고 무시하거나 잘라버리지 말고, 가장 흔한 현상뿐 아니라 가장 희귀한 현상에도 충분한 관심을 기울이는 등, 광범위하고 변하지 않는 기반 위에서 과학의 상부구조를 세워야 한다.

11

수많은 자료가 관찰을 통해서 수집될 수 있지만, 자연을 설명하는 데 있어서 축적된 사실들은 매우 다른 가치를 지닌다. 사람을 평가하는 데 있어서 흔히 보기 어려운 자질들을 가장 높이 평가하듯이, 자연철학에서도 사실 중에서 평소 일상적인 삶의 관찰을 통해서는 설명되기 어려운 놀라운 종류에 더 각별한 중요성을 부여한다.

12

그렇다면 어떤 사람들이 비범한 능력을 갖췄다는 생각이 들 때 우리는 어떻게 결론내려야 할까? 첫째로, 비범한 것이 아니라고 말할 수도 있다. 하지만 이는 우리 자신이 잘 모르고 있다는 것을 인정하는 셈이 된다. 정직한 관찰자라면 누구나 신기하고 설명할 수 없는 일들은 끊임없이 일어난다는 사실을 인정하기 때문이다. 반대로, 생각의 창조적 힘을 알게 된 사람은 이를 더는 "설명할 수 없는 것"으로 여기지 않을 것이다.

13

둘째로, 초자연적 힘이 개입한 결과라고 말할 수도 있다. 하지만 자연법칙을 과학적으로 이해하면 초자연적인 것은 없다는 것을 알게 된다.

모든 현상은 정확하고 분명한 원인에 의한 결과이고, 그 원인은 불변의 법칙 혹은 원칙이다. 이 법칙 혹은 원칙은 의식적이든 무의식적이든 간에 변함없이 정확하게 작동한다.

14

셋째로, 우리는 "금지된 땅"에 있으며, 우리가 알아서는 안 되는 일들이라고 할 수도 있다. 이런 반대 견해는 인류 지식의 발전에 있어서 늘 제기되어 왔다. 컬럼버스, 다윈, 갈릴레오, 풀턴, 그리고 에머슨까지, 새로운 생각을 주창했던 모든 사람은 모두 조롱당하거나 박해를 받았다. 그러기에 이런 반대 견해를 심각하게 받아들일 필요는 없다. 오히려 반대로, 우리 주의를 끄는 모든 사실을 신중히 고려해야 한다. 그렇게 함으로써, 우리는 그것이 기반하고 있는 법칙을 더 잘 알아낼 수 있을 것이다.

15

생각의 창조력이 육체적, 정신적, 영적인 모든 가능한 조건과 경험의 원인임을 알게 될 것이다.

16

생각은 주도적 정신 태도에 상응하는 상황들을 만들어 낼 것이다. 그러므로 우리가 재난을 두려워할 때, 두려움은 강력한 생각이므로, 우리 생각의 결과는 재난이 될 것이다. 이런 형태의 생각 때문에 종종 수년간의 고생과 노력이 물거품이 되곤 한다.

17

우리가 물질적 부를 생각하면 그것을 얻을 수는 있을 것이다. 생각을 집중시키면, 필요한 조건이 형성되고, 적절한 노력이 투여되며, 이로 인해 우리 소망을 이루는데 필요한 상황이 만들어진다. 하지만 우리가 원한다고 생각했던 것을 마침내 이루었을 때, 종종 그것이 우리가 기대했던 효과를 가져오지 않는 것을 보게 된다. 다시 말해, 만족은 일시적일 뿐이거나, 우리가 기대한 것과는 정반대일 수도 있는 것이다.

18

그렇다면 적절한 진행 방법은 무엇일까? 우리가 원하는 것을 가지려고 어떤 생각을 해야 할까? 당신과 내가 바라는 것, 우리가 모두 바라는 것, 모두가 추구하는 것, 그것은 행복과 조화이다. 우리가 진실로 행복할 때, 세상이 주는 모든 것을 가진 것과 같다. 우리 자신이 행복할 때 다른 사람들도 행복하게 해줄 수 있다.

19

하지만 건강과 힘, 뜻맞는 친구, 쾌적한 환경, 필요를 충족시키는 것에서 그치지 않고 편안함과 풍족함을 제공할 정도로 충분하게 갖춰지지 않으면 행복할 수 없다.

20

낡고 보수적인 사고방식에서는 우리는 "벌레"처럼 우리에게 주어진 몫이 무엇이든 거기에 만족해야 한다는 식이었다. 하지만 현대에는 우리가 무엇이든 최고를 가질 자격이 있다고 생각한다. 즉, "아버지와 내가 하나"이며, "아버지"는 보편적 정신이자 창조주, 근본원료이며, 여기로부터 만물이 발생한다는 것이다.

21

이 "아버지"의 가르침이 이론상 모두 옳으며, 지난 2천 년 동안 전해 내려온 가르침이며, 모든 철학과 종교 체계의 핵심이라는 점을 인정한다면, 어떻게 이것을 우리 삶 속에서 활용할 것인가? 지금 여기에서 실제적이고 구체적인 성과를 낼 방법은 무엇인가?

22

우선하여 우리의 지식을 실천으로 옮겨야 한다. 다른 방법으로는 아무것도 이룰 수 없다. 운동선수가 평생 신체 단련에 관한 책을 읽는다고 해도, 실제로 힘을 들여서 운동하지 않는 한, 절대 강해질 수 없다. 그는 결국 자신이 주는 대로 받게 될 것이며, 먼저 주어야 한다. 우리도 마찬가지다. 우리도 주는 대로 받게 될 것이며, 먼저 주어야 한다. 우리가 준 것은 몇 배가 되어 돌아올 것이다. 생각은 원인이고 조건은 결과이기에, 주는 것은 정신 작용에 지나지 않는다. 그러므로, 용기, 영감, 건강, 도움 등의 생각을 주게 되면, 그에 상응하는 결과를 일으킬 원인을 작동시키는 셈이 된다.

23

생각은 영적인 활동이며 따라서 창조력이 있다. 그렇다고 해서 오해하지 말라. 생각은 의식적으로, 체계적으로, 그리고 건설적으로 지시되지 않는 한 아무것도 창조할 수 없다. 바로 여기에 나태한 생각과 건설적 생각의 차이가 나타나는데, 전자는 단지 노력이 낭비된 상태에 지나지 않지만, 후자는 무한한 성취를 의미한다.

24

우리가 얻는 모든 것들이 끌어당김의 법칙에 따라 우리에게 오게 됨을 알게 되었다. 불행한 의식 속에 행복한 생각이 존재할 수 없다. 그러므로 의식이 변해야 한다. 그리고 의식이 변하면, 변화된 의식에 맞추는 데 필요한 모든 조건이 점차로 변해야 한다. 새로운 상황이 요구하는 바에 맞추기 위해서 말이다.

25

정신 그림이나 이상을 만들어 낼 때, 우리는 만물의 근원인 보편적 원료에 생각을 투영하게 된다. 이 보편적 원료는 무소 부재하고 전지전능하다. 우리가 과연 이 전지한 존재the Omniscient에게 우리의 요구를 현실화할 적절한 통로가 무엇인지 말해줄 수 있을까? 유한한 존재가 무한한 존재에게 조언할 수 있는가? 이것이 바로 실패의 원인이다. 모든 실패의 원인 말이다. 우리는 보편적 원료가 무소 부재하다는 사실을 인정하면서도, 이 원료가 무소 부재할 뿐 아니라 전지전능하기도 하며, 그렇기에 우리가 전혀 알지 못하는 원인을 작동시키기도 한다는 사실을 깨닫지 못한다.

26

우리는 보편적 정신의 무한한 능력과 무한한 지혜를 인정함으로써 우리의 이익을 최대한 보호할 수 있다. 그리고 이를 통해 무한한 존재가 우리의 소망을 현실화하는 데 있어 통로의 역할을 할 수 있다. 이는 인정하면 현실화한다는 뜻이다. 그러므로 이번 장의 훈련으로, 이 원칙을 활용해보자. 당신이 전체 중 일부며, 부분은 종류와 질에 있어서 전체와 같고, 단지 정도에 있어서만 차이가 날 수 있음을 인정하도록 하자.

27

이 엄청난 사실이 당신의 의식 속에 스며들기 시작할 때, 당신^{당신의 신체} ^{가 아닌 자아를 뜻한다}, "나", 곧 생각하는 영혼이 거대한 전체의 없어서는 안 될 부분임을 깨달을 때, 그것이 실체, 질, 종류에 있어서 같음을 깨달을 때, 조물주가 그 자신과 다른 존재를 만들 수 없음을 깨달을 때, 당신도 "아버지와 나는 하나이다."라고 얘기할 수 있을 것이다. 그리고 아름다움, 웅장함, 초월적인 기회들을 당신 마음대로 사용할 수 있음을 깨닫게 될 것이다.

질문과 대답

▸ 자연 철학자들이 지식을 습득하고 적용하는 방법은 무엇인가?
  사용할 수 있는 모든 도구와 자원을 가지고, 개별 사실들을 신중하고,
  인내심 있게, 정확히 관찰한 후, 나아가 일반 법칙을 선포한다.

▸ 이 법칙이 옳다고 어떻게 확신할 수 있는가?
  독재자의 선입견을 품고 달갑지 않은 사실들을 무시하거나 제거하지
  않음으로써.

▸ 어떤 사실이 가장 높은 평가를 받는가?
  일상적인 관찰로 설명할 수 없는 사실들

▸ 이 원칙은 어디에 기반하는가?
  이성과 경험

▸ 이것은 무엇을 타파하는가?
  미신, 선례와 인습

▸ 이런 법칙들은 어떻게 발견했는가?
  흔하지 않고, 기이하며, 낯설고, 예외가 되는 사실들을 일반화함으로써.

▸ 끊임없이 일어나는, 기이하고 이제까지 설명이 불가했던 현상들을 어떻게 설명할 수 있는가?
생각의 창조력을 통해.

▸ 그 이유는 무엇인가?
어떤 사실을 알게 될 때, 그것이 어떤 분명한 원인에 의한 결과이며, 그 원인은 변함없이 정확하게 작동하리라는 것을 확신할 수 있기 때문이다.

▸ 이 사실을 알게 되면 어떤 결과가 생기는가?
신체적, 정신적, 영적인 모든 조건의 원인을 설명할 수 있게 된다.

▸ 우리의 이익을 가장 잘 보호하는 방법은 무엇인가?
생각의 창조력을 알게 되면 무한한 능력과 연결된다는 사실을 인식함으로써.

P A R T 14

의식과 잠재의식은 하나의 정신에 연결된 행위의 두 단계와도 같다. 의식과 잠재의식의 관계는 풍향계와 대기와의 관계와 매우 유사하다. 대기의 아주 작은 압력조차 풍향계에 움직임을 일으킬 수 있는 것처럼, 의식 속의 가장 사소한 생각조차도 잠재의식 속에서 움직임을 불러일으키는데, 이는 그 생각을 특징짓는 감정이 얼마나 깊은지, 그리고 얼마나 그 생각에 빠져있는지에 정확히 비례한다.

결국, 불만족스러운 상황을 거부하는 것은 이런 상황으로부터 생각의 창조적 힘을 거두는 것이라는 결론에 이르게 된다. 그런 상황의 뿌리부터 잘라내어서, 그 생명력을 무너뜨리는 것이다. 하지만 기억할 것은, 성장의 법칙은 반드시 외부 세계의 모든 현상을 지배하기에, 불만족스러운 상황을 거부한다고 해서 곧바로 변화가 일어나지는 않는다는 점이다. 식물은 뿌리가 잘린 후에도 한동안 살아있는 듯 보이지만, 결국은 시들어서 사라지게 된다. 이처럼, 당신의 생각을 불만족스러운 상황으로부터 거두게 되면, 점차 하지만 마침내는 그런 상황이 끝나게 되어있다.

이 방법이 우리가 자연스레 택하게 되는 과정과는 정반대의 과정이라는 것을 알게 될 것이다. 그렇기에 평상시와는 정반대의 결과를 얻게 될 것이다. 대부분 사람은 불만족스러운 상황에 집중하고, 그로 인해 그 상황이 에너지와 생명력을 얻어 왕성하게 성장하도록 만들어 버린다.

01

모든 움직임, 빛, 열, 그리고 색의 기원이 되는 보편적 에너지는 그것
으로 인해 나타나는 많은 결과처럼 한계를 두지 않고, 그런 모든 결과
를 초월한다. 이 보편적 원료는 모든 능력과 지혜, 지능의 근원이다.

02

이 보편적 지성을 인식하면 정신의 학습 능력을 알게 되고, 이를 통해
보편적 원료를 사용하여 당신 주위의 일들이 보편성과 조화를 이루도
록 할 수 있다.

03

제아무리 뛰어난 자연과학자라 할지라도 이를 시도해본 이는 없다.
누구도 시도해보지 않은 발견 영역이다. 사실, 이를 조금이라도 이해하
는 유물론적 학파들은 거의 없다. 그들은 힘과 원료만큼이나 지혜 역시
곳곳에서 찾아볼 수 있다는 사실을 아직 깨닫지 못하고 있는 듯하다.

04

누군가는 이렇게 물을지도 모른다. 이 원칙들이 참이라면 우리는 왜 그것을 행동으로 보여주지 못하고 있는가? 근본적인 원리가 분명히 옳은데, 왜 적절한 결과를 얻지 못하고 있는가? 실은, 적절한 결과를 얻고 있다. 우리는 법칙을 이해하고 그것을 적절히 적용하는 능력에 비례해서 결과를 얻고 있다. 누군가가 전기에 관한 법칙을 공식화해서 적용하는 법을 알려주기 전까지 우리는 전기에 관한 법칙에서 어떤 결과도 얻지 못했다.

05

이로 인해 우리와 환경의 관계가 완전히 재정립되며, 이전에 꿈꾸지 못한 가능성이 열리게 되는데, 이는 새로운 정신 상태에 자연스레 수반되는 질서정연한 법칙에 따라 이루어진다.

06

정신은 창조력이 있으며, 이 법칙의 기초가 되는 원리는 견고하고 타당하며, 자연 만물에 내재하고 있다. 하지만 이 창조적 힘은 개인이 아닌, 모든 에너지와 원료의 근원이자 원천인 보편적 정신으로부터 유래한다. 개인은 이 에너지를 분배하는 통로에 지나지 않는다. 개인은 보편적 정신이 수많은 조합을 만들어 내어서 현상을 일으키는 데 사용되는 수단이다.

07

알다시피, 과학자들은 물질을 무수히 많은 분자로 분해했고, 이 분자들은 원자로 분해되었으며, 다시 원자는 전자들로 분해되었다. 퓨즈를

단 강철 단자가 들어있는 고진공 유리관 내에서 전자가 발견되었다는 사실은, 이 전자들이 모든 공간을 메우고 있다는 사실을 결정적으로 드러낸다. 즉, 전자들이 모든 곳에 존재하고 무소 부재하다는 것이다. 이들이 모든 물체를 채우고 있으며 우리가 공간이라 부르는 곳도 차지하고 있다는 것이다. 그러므로 전자는 모든 것이 생성되는 보편적 원료이다.

08

전자는 방향성이 주어져서 원자나 분자로 합해지기 전에는 영원히 전자 상태로 남게 되는데, 이때 방향성을 주는 것은 정신의 역할이다. 수많은 전자가 힘의 중심을 회전할 때 원자가 형성된다. 원자는 절대적으로 규칙적인 수학적 비율에 따라 합쳐져서 분자를 이루게 되며, 이 분자들이 서로 합쳐지면 다수의 화합물을 이루게 되고, 이 다수의 화합물이 합쳐져서 우주를 건설하게 된다.

09

이제까지 알려진 가장 가벼운 원자는 수소이며 전자보다 1,700배 더 무겁다. 수은의 원자는 전자보다 300,000배 더 무겁다. 전자는 순수한 음전하이며, 열, 빛, 전기, 그리고 생각과 같은 우주 에너지와 같은 퍼텐셜 속도potential velocity를 지니기에 초당 약 30만 킬로미터 시간이나 공간에 제약받지 않는다. 빛의 속도가 확인된 방식은 흥미롭다.

10

빛의 속도를 계산해 낸 사람은 덴마크의 천문학자 뢰메르Roemer로, 그는 676년 목성의 월식을 관찰하던 중 이를 알아내었다. 지구와 목성 사이의 거리가 가장 가까울 때는 월식이 계산한 것보다 8분 30초 일찍 나타나지만, 둘 사이가 가장 멀 때는 8분 30초 늦게 나타났다. 뢰메르는 그 이유가 빛이 목성에서부터 지구 궤도를 가로질러 오기까지 17분이 걸리기 때문이라고 결론을 내렸고, 이로써 지구와 목성 사이 거리의 차이를 설명할 수 있게 되었다. 이후 이 계산법은 입증되었고, 이로써 빛이 초속 30만 킬로미터의 속도로 여행한다는 것이 증명되었다.

11

전자는 몸속에서 세포로 나타나며, 인체에서 기능을 수행하기에 충분할 정도의 정신과 지능을 가지고 있다. 인체의 모든 부분은 세포로 구성되어 있는데, 일부는 독자적으로 움직이지만, 또 다른 일부는 군群을 이루어 움직인다. 어떤 세포는 조직을 만드느라 바빴지만, 어떤 세포는 몸에 필수적인 여러 가지 분비물을 형성한다. 어떤 세포는 물질을 운반하고, 어떤 세포는 손상을 고치는 의사의 역할을 하며, 또 어떤 세포는 쓰레기를 치우는 청소부 역할을 하고, 어떤 세포는 바람직하지 않은 세균의 침입을 물리칠 준비를 끊임없이 하고 있다.

12

이 모든 세포는 공통의 목적을 위해 움직이고 있고, 각각의 세포는 살아있는 생명체일 뿐 아니라 필요한 임무를 수행하는 데 충분한 지능도 갖추고 있다. 또한 에너지를 보존하고 스스로의 생명을 연장시킬 수 있는 지능도 타고났다. 그러므로 세포는 충분한 영양분을 공급받아야 하며, 연구에 의하면, 그러한 영양분의 선택에 있어서 나름의 기준이 있는 것으로 밝혀졌다.

13

각각의 세포는 태어나고, 재생하며, 죽어서 흡수된다. 건강과 생명의 유지는 지속적인 세포 재생에 달려있다.

14

몸을 구성하는 모든 원자에는 정신이 있는 것이 분명하다. 이 정신은 음⁻의 정신이고, 개인의 사고력이 스스로를 양⁺의 상태로 만든다. 이로써 그는 이 음의 정신을 다스릴 수 있게 된다. 이것이 형이상학적 치유에 대한 과학적 설명이며, 이로써 우리는 이 놀라운 현상이 일어나는 원리를 이해할 수 있을 것이다.

15

신체의 모든 세포에 포함된 이 음의 마음은 우리의 의식적인 자각 없이 행동하기 때문에 잠재의식이라고 불려왔다. 이 잠재의식이 의식의 의지에 반응한다는 것이 밝혀졌다.

16

모든 사물은 정신에서 비롯되고, 겉으로 드러난 것은 생각의 결과이다. 그러므로 사물 그 자체는 기원도, 항상성도, 실체도 없다. 생각의 소산이기에, 생각에 따라서 지워질 수도 있는 것이다.

17

자연과학에서와 같이 정신과학에서도 실험이 이루어지고 있고 각각의 발견으로 인해 인간은 목표를 향해 한 단계 더 올라가게 된다. 모든 인간은 그가 살아가며 주로 하는 생각들을 반영하게 마련이다. 이는 그의 얼굴과 모습과 성격, 환경 등을 통해 드러난다.

18

모든 결과의 뒤에는 원인이 있고, 만일 우리가 그 출발점을 따라 거슬러 간다면, 그 기원이 된 창조 원리를 찾을 수 있을 것이다. 이는 너무 자명한 사실이어서 이 진리는 이제 일반적으로 받아들여지고 있다.

19

외부 세계는 보이지 않는, 그리고 이제까지는 설명할 수 없었던 힘으로 지배된다. 지금까지 우리는 이 능력을 의인화해서 하나님이라고 불렀다. 하지만 이제는 그것을 만물의 침투하는 본질 혹은 원리로 보게 되었고, 이는 무한의 존재 혹은 보편적 정신이다.

20

무한하고 전지전능한 보편적 정신은 무한한 자원을 마음대로 사용할 수 있으며, 그것이 무소 부재하다는 점을 기억한다면, 우리는 우리 자신이 보편적 정신의 표현이자 현현이라는 사실을 부인할 수가 없게 된다.

21

잠재의식의 자원에 대해 인식하고 이해하게 되면, 잠재의식과 보편적 정신 사이의 유일한 차이점은 정도의 차이일 뿐이라는 것을 알게 된다. 바다와 물 한 방울의 차이 정도이다. 종류와 질적으로는 같고 단지 정도의 차이만 있을 뿐이다.

22

이 모든 중요한 사실의 가치를 알 수 있는가? 이 엄청난 사실을 인식하게 되면 전능한 존재에 가깝게 다가가게 됨을 알고 있는가? 잠재의식이 보편적 정신과 개인의 의식을 연결하는 고리임을 고려할 때, 개인의 의식이 생각을 제안하고 이를 잠재의식이 행동으로 옮기리라는 것은 너무 자명하지 않은가? 또한 잠재의식이 보편적 정신과 하나이므로, 잠재의식의 활동에 어떠한 제약도 있을 수 없다는 것은 너무 분명한 사실 아닌가?

23

이 원리를 과학적으로 이해하면 기도의 힘을 통해 얻을 수 있는 놀라운 결과에 관해 설명할 수 있을 것이다. 이렇게 얻어지는 결과는 어떤 특별한 섭리 때문에 얻어지는 것이 아니라, 반대로 완벽한 자연법칙이 작동한 결과이다. 그러므로 이에 대해 종교적이거나 신비주의적인 점은 없다.

24

그러나 잘못된 생각 때문에 실패했다는 것이 명백하지만, 올바르게 생각하는데 필요한 훈련을 받을 준비가 되어있지 않은 사람들이 많다.

25

생각이 유일한 실체이다. 상황은 단지 외부적으로 드러나는 현상일 뿐이다. 생각이 바뀌면, 모든 겉으로 드러나는 물질적 상황은 그것을 만든 창조자, 즉 생각에 맞추어서 바뀌어야 한다.

26

하지만 생각은 분명하고, 안정되고, 고정되고, 확실하고, 변하지 않아야 한다. 한 걸음 앞으로 나아가고 두 걸음 뒤로 물러설 순 없다. 또한, 20~30년 동안 부정적인 생각의 결과로 부정적인 상황을 쌓아놓고는 15~20분 동안 올바른 생각을 했다고 해서 그것들이 녹아 없어지리라고 기대할 수 없다.

27

삶을 근본적으로 바꾸기 위한 훈련을 하려면 신중하게 해야 한다. 깊게 생각하고 모든 것을 고려해야 한다. 그리고 난 후에는 어떤 것에도 결심이 흔들려서는 안 된다.

28

이러한 훈련과 생각의 변화, 정신적 태도는 당신이 풍요롭게 사는 데 필요한 물질적인 것들을 가져다줄 뿐 아니라, 전반적으로 건강과 조화로운 상황들을 가능케 할 것이다.

29

삶에서 조화로운 상황들을 원한다면 조화로운 정신 태도를 키워야 한다.

30

당신의 외부 세계는 내부세계를 반영한다.

31

이번 장에서의 훈련을 위해, 조화harmony에 집중하라. 집중하라는 말의 의미는, 그 말이 내포하는 모든 것을 생각하라는 뜻이다. 깊이 그리고 열심히 집중해서, 오직 조화로운 상태만 의식할 수 있게 하라. 기억하라. 우리는 실행을 통해 배운다. 이 가르침들을 읽기만 하는 것은 아무 도움도 되지 않는다. 이 가르침의 가치는 그것을 실제로 적용해 보는 데 있다.

질문과 대답

▶ 모든 지혜와 힘, 지능의 근원은 무엇인가?

보편적 정신

▶ 모든 움직임과 빛, 열, 색은 어디로부터 오는가?

보편적 에너지로부터 오며, 이는 보편적 정신의 한 현상이다.

▶ 생각의 창조력은 어디로부터 비롯되는가?

보편적 정신으로부터.

▶ 생각이란 무엇인가?

활동하는 마음

▶ 보편적 정신은 어떻게 다양한 형태로 나타나게 되는가?

개인은 보편적 정신이 수많은 조합을 만들어 내어서 현상을 일으키는 데 사용되는 수단이다.

▶ 어떻게 이렇게 되는가?

개인의 사고력은 보편성에 따라 행동하고 그 보편성을 드러내는 능력이므로.

▸ 지금까지 밝혀진 바에 의하면, 보편적 정신이 가장 먼저 취하는 형태는 무엇인가?

전자이며, 이는 모든 공간을 채우고 있다.

▸ 만물의 근원은 어디에서 찾을 수 있는가?

정신에서

▸ 생각이 바뀌면 어떤 결과가 생기는가?

상황이 변하게 된다.

▸ 조화로운 정신 태도를 보이게 되면 어떤 결과가 생기는가?

조화로운 삶이 생겨난다. 생각은 실체가 없는 것이긴 하지만, 삶의 문제들을 결정짓는 장場이 된다.

P A R T 15

식물에서 발견된 기생충에 대한 실험은 가장 낮은 서열의 생명체조차도 자연법칙을 이용할 능력이 있음을 보여준다. 이 실험은 록펠러 연구소의 자크 록 박사 Jacques Loch, M.D., Ph.D에 의해 행해졌다.

"재료를 얻기 위해, 화분에 심은 장미 덤불을 방으로 가져와 닫힌 창문 앞에 놓았다. 식물이 말라 죽도록 내버려 두면, 이전에는 날개가 없었던 진딧물 기생충은 날개 달린 곤충으로 변한다. 이렇게 변한 후, 그들은 식물을 떠나 창문으로 날아가서 유리 위를 기어오른다."

이 작은 곤충들이 그들이 살고 있던 식물이 죽었다는 것과 그러기에 그로부터 더는 먹고 마실 것을 확보할 수 없다는 것을 발견한 것이 분명하다. 그들이 굶주림으로부터 스스로를 구할 수 있는 유일한 방법은 일시적으로 날개를 키우고 날아가는 것이었기에, 그렇게 했다.

이런 실험들은 전능한 능력뿐 아니라 전지한 능력도 어디에나 존재하며, 비상시에는 가장 작은 생명체도 그것을 이용할 수 있다는 것을 보여준다.

15부에서는 우리의 삶을 지배하는 법칙에 대해서 더 많은 이야기를 할 것이다. 이러한 법칙들이 우리에게 유리하게 작용하며, 우리에게 오는 모든 경험과 상황들은 우리의 이익을 위한 것임을 밝혀낼 것이다. 또한 우리는 노력하는 만큼 강해질 수 있으며, 우리는 자연의 법칙에 협조할 때 가장 행복할 수 있음을 알게 될 것이다 진실한 생각을 해라. 그러면 그대의 생각으로 세상의 기근을 없애리라.
진실한 말을 하라. 그러면 그대의 말 한 마디 한 마디가 열매 맺는 씨앗이 되리라.
진실한 삶을 살라. 그러면 그대의 삶이 위대하고 고귀한 신념이 되리라.

호라시오 보나

"모든 이에게 길이 열린다. 고귀한 영혼은 고귀한 길을 걸어 올라가고,
미천한 영혼은 낮은 곳을 더듬으며 기어가며,
그 사이의 안개 낀 평지를
나머지들이 떠다닌다.
모든 이에게 고귀한 길과 낮은 길이 열리니,
누구든지 자신의 갈 길을 선택하게 되리라."

01

우리 삶을 지배하는 법칙은 우리에게 유리하게 고안되었다. 이 법칙
들은 불변의 것이며 우리는 그 영향에서 벗어날 수 없다.

02

모든 위대하고 영원한 힘은 엄숙한 침묵 속에서 활동하지만, 우리에
게는 그 힘과 조화를 이룰 수 있는 능력이 있으며 그렇기에 비교적 평
화롭고 행복한 삶을 살 수 있다.

어려움, 부조화, 장애물을 맞닥뜨린다는 것은 우리가 더는 필요치 않은 무언가를 내놓기 거부하고 있거나, 우리에게 필요한 것을 받아들이지 않고 있다는 것을 의미한다.

오래된 것을 새것으로 바꾸거나, 좋은 것을 더 좋은 것으로 바꿀 때 성장하게 된다. 이는 조건적 혹은 상호적 행위이다. 우리 각자는 완벽한 사고체$^{thought entity}$이고, 이렇게 완벽했기 때문에 준 만큼만 받는 것이 가능하다.

우리가 가진 것에 집착한다면 부족한 것을 얻을 수 없다. 우리가 왜 어떤 것을 끌어당기는지 알게 되면, 조건을 의식적으로 다스릴 수 있고, 각각의 경험에서 다음 성장을 위해 필요한 것만 뽑아낼 수 있게 된다. 이러한 능력에 따라서 조화로운 삶이나 행복의 정도가 결정되는 것이다.

06

성장에 필요한 것만 취하는 능력은 우리가 더 높은 차원에 도달하고 방대한 비전을 가지게 될수록 성장한다. 필요한 것을 아는 능력이 향상될수록 더 확실히 그것을 찾아내고, 끌어당기며, 흡수할 수 있게 된다. 성장에 필수적인 것들만 우리에게 오게 될 것이다.

07

우리에게 오는 모든 조건과 경험들은 우리의 유익을 위한 것이다. 어려움과 장애물은 우리가 그것들로부터 지혜와 앞으로의 성장을 위해 필수적인 것들을 배워 흡수하게 되면 그칠 것이다.

08

뿌린 대로 거둔다는 속담은 수학적으로 맞는 말이다. 우리는 어려움을 극복하는 데 기울인 노력에 정확히 비례해서 강해진다.

09

성장을 위해 피할 수 없는 요구사항은, 우리와 완벽하게 조화를 이루는 것을 끌어당기기 위해 최대한 노력해야 한다는 것이다. 우리는 자연법칙을 이해하고 이 법칙에 의식적으로 협력할 때 가장 행복할 수 있다.

10

생각이 생명력을 가지려면 사랑이 깃들어 있어야 한다. 사랑은 감정의 소산이다. 그러므로 지성과 이성이 감정으로 제어하고 인도해야 한다.

11

생각에 생명력을 불어넣고 싹트게 하는 것은 사랑이다. 끌어당김의 법칙, 혹은 사랑의 법칙은 하나이고 같은 것이기에, 생각이 성장하고 성숙하는데 필요한 재료를 가져다줄 것이다.

생각이 첫 번째로 형태를 띠는 것은 언어, 곧 말이다. 이것이 말이 중요한 이유이다. 생각이 처음으로 표현되는 것이고, 생각이 담기는 그릇이다. 말은 공기를 잡아서 움직여서 소리의 형태로 생각을 다른 이들에게 전달한다.

생각은 어떤 종류의 행동이라도 끌어낼 수 있지만, 어떤 행동이건 간에 단지 생각이 눈에 보이는 형태로 표현되는 것에 불과하다. 그러므로 바람직한 상황을 원한다면 바람직한 생각만을 해야 한다는 것은 자명한 사실이다.

그러므로 삶을 통해 풍요를 드러내길 원한다면 풍요에 대해서만 생각해야 한다는 불가피한 결론에 도달하게 된다. 말은 생각이 형태를 띠는 것에 불과하므로, 건설적이고 조화로운 언어만을 사용하도록 특히 주의해야 한다. 이런 노력은 형태를 띠고 외부로 드러나게 될 때 우리에게 유리하게 작용하게 될 것이다.

15

우리는 끊임없이 마음속으로 찍어대는 사진들에서 벗어날 수 없으며, 이런 잘못된 개념의 사진들은 우리가 행복과 조화를 이루지 않는 언어를 사용할 때 생겨난다.

16

생각이 명확해지고 고차원적으로 될수록 우리는 더 많은 생명력을 드러낸다. 명확하게 정의된 언어, 저차원적 개념이 없어진 언어를 사용할수록 더 쉽게 이 수준에 도달할 수 있다.

17

생각을 표현하는 도구는 언어이다. 만일 더 높은 차원의 진리를 사용하려 한다면, 이러한 목적을 염두에 두고 신중하고 지혜롭게 선별된 재료를 사용해야 한다.

18

말로써 생각에 옷을 입히는 것은 인간과 다른 동물들을 구분하는 놀라운 능력이다. 글을 사용함으로써 인간은 지난 여러 세기를 돌아보고 현재 상황에 이르게 한 특별한 역사적 사건들을 볼 수 있었다.

19

역사상 가장 위대한 작가와 사상가도 만날 수 있었다. 오늘날 우리가 가지고 있는 모든 기록은 인간의 정신 속에서 형성된 보편적 사상들의 표현이다.

20

보편적 사상은 형태를 만들어 내는 것을 목적으로 하고, 개인의 생각은 마찬가지로 스스로를 형태로 표현하려 한다. 말은 생각이 형태를 띤 것이고, 문장은 형태를 띤 생각들의 조합이다. 따라서, 우리의 이상을 아름답고 강인하게 만들고자 한다면, 이 성전temple을 만들어 낼 말들이 정확하고, 또 조심스럽게 조합되도록 해야 한다. 왜냐하면 말과 문장을 얼마나 정확하게 만들어 내는가가 문명사회 최고의 건축술이며 성공으로 가는 허가증이기 때문이다.

21

말은 생각이며, 주어진 형태대로 스스로를 객관화시켜 드러내는, 보이지 않는 무적의 힘이다.

22

말은 영원히 거주할 정신적 장소가 될 수도, 약간의 바람으로도 날아가 버릴 판잣집이 될 수도 있다. 말은 귀뿐만 아니라 눈도 즐겁게 할 수 있고, 모든 지식을 담을 수도 있다. 말속에서 우리는 과거의 역사와 미래의 희망을 찾는다. 말은 모든 인간적인, 그리고 초인적인 활동이 시작되는 살아있는 메신저의 역할을 한다.

23

말의 아름다움은 생각의 아름다움에 달려있다. 말의 힘은 생각의 힘에 달려있고, 생각의 힘은 생명력에 좌우된다. 어떻게 생명력 있는 생각을 알아볼 수 있는가? 이를 구분 짓는 특징은 무엇인가? 원칙이 있어야 한다는 점이다. 그렇다면 어떻게 원칙을 알아볼 수 있는가?

24

수학의 원칙은 있지만, 오류의 원칙은 없다. 건강의 원칙은 있지만, 질병의 원칙은 없다. 진실의 원칙은 있지만, 거짓의 원칙은 없다. 빛의 원칙은 있지만, 어둠의 원칙은 없다. 풍요의 원칙은 있지만, 빈곤의 원칙은 없다.

25

이것이 참인지 어떻게 알 수 있을까? 우리가 수학의 원리를 올바르게 적용한다면 결과를 확신할 수 있을 것이기 때문이다. 건강이 있는 곳에 질병은 없다. 진리를 안다면 거짓에 속아 넘어가지 않을 것이다. 빛을 비추면 어둠이 없을 것이고, 풍요로운 곳에 가난이 있을 수 없다.

26

이것들은 자명한 사실들이다. 원칙을 담고 있는 생각은 생명력이 있으며 그렇기에 뿌리를 내리고, 마침내 태생적으로 생명력이라고는 없는 부정적인 생각을 확실히 제거해 버린다. 이 가장 중요한 진리는 간과됐던 것 같다.

27

하지만 이 사실 덕분에 모든 부조화, 결핍, 한계를 타파할 수 있게 된다.

28

"지혜가 있어서 깨닫는" 사람은 생각의 창조력이 그 누구도 이길 수 없는 무기가 되어 그로 하여금 운명을 다스릴 힘을 준다는 사실을 금세 알게 될 것이다.

29

물리적인 세계에는 "한 곳에 일정량의 에너지가 나타나면, 다른 곳에서는 같은 양의 에너지가 사라진다."라고 하는 보상의 법칙 law of *compensation* 이 있다. 그러므로 우리는 주는 만큼만 받을 수 있다. 우리가 어떤 행동을 하기로 마음먹으면 그 행동의 파장에 대해서도 책임질 준비를 해야 한다. 잠재의식은 판단하지 못한다. 우리가 말하는 대로 받아들일 뿐이다. 무언가를 구했다면 받을 것이다. 이부자리를 정리했다면 거기에 누울 것이다. 주사위는 던져졌다. 실타래는 우리가 짜놓은 패턴대로 움직일 것이다.

30

그렇기에 우리는 통찰력을 발휘해서 삶 속에서 경험하고 싶지 않은 정신적, 도덕적, 신체적 세균들이 생각을 오염시키지 않도록 해야 한다.

31

통찰력은 정신의 능력으로, 망원경처럼 원거리에서 사실과 상황들을 살펴볼 수 있게 해준다. 통찰력을 통해 모든 일에 있어서 가능성뿐 아니라 어려움도 이해할 수 있게 된다.

32

통찰력은 우리가 맞닥뜨리는 장애물에 대비하도록 해준다. 그러므로 어려움이 닥치기 전에 그것을 극복할 수 있게 되는 것이다.

33

통찰력으로 인해 우리는 유리한 쪽으로 계획을 세울 수 있고, 아무런 결과도 내지 못하는 쪽이 아닌 올바른 방향으로 생각과 주의를 기울일 수 있게 된다.

34

그러므로 통찰력은 위대한 성취를 이루기 위해 필요하다. 통찰력이 있으면 우리는 어떤 정신적 영역에도 들어가 탐험하고 정복할 수 있다.

35

통찰력은 내면세계의 소산이며 침묵, 즉 집중을 통해 계발된다.

36

이번 장에서의 훈련으로, 통찰력에 집중해 보라. 이전과 같은 자세를 잡고, 생각의 창조력을 이해한다고 해서 생각의 기술을 가지고 있다는 것은 아니라는 사실에 집중하라. 생각이 저절로 적용되지 않는다는 사실을 곰곰이 생각해보라. 우리의 행동은 지식이 아닌, 관습과 인습, 습관에 의해 지배당한다. 지식을 적용하는 유일한 방법은 결단력과 의식적인 노력해서이다. 사용하지 않는 지식은 정신에서 사라지고 만다는 사실, 정보의 가치는 그 원칙을 적용하는 데 있다는 사실을 명심하라. 삶의 문제들에 이 원칙을 적용할 분명한 계획을 만들어 낼 통찰력을 얻을 때까지 이런 생각을 계속하라.

질문과 대답

▶ 삶의 조화로움은 무엇에 의해 결정되는가?
성장에 필요한 것을 삶의 경험으로부터 알아내는 능력

▶ 어려움과 장애물은 무엇을 나타내는가?
그것들이 지혜와 영적 성장을 얻는 데 필요하다는 사실

▶ 이러한 어려움을 피하는 방법은 무엇인가?
자연법칙을 이해하고 그것과 조화를 이룸으로써.

▶ 생각이 형태로 나타나게 되는 원칙은 무엇인가?
끌어당김의 법칙

▶ 생각이 성장하고 계발되며 성숙해지는 데 필요한 것들을 어떻게 얻을
수 있는가?
사랑의 법칙에 따라서. 이는 우주의 창조 원리이고, 생각에 생명력을 불어
넣으며, 끌어당김의 법칙은 성장의 법칙에 따라 필요한 원료를 가져온다.

▶ 바람직한 조건은 어떻게 얻어질 수 있는가?
바람직한 생각을 함으로써만 얻어질 수 있다.

▶ 바람직하지 않은 생각은 어떻게 생기게 되는가?

결핍, 한계, 질병, 부조화, 불화 등의 상황을 생각하고 논의하며 떠올림으로써. 이런 잘못된 생각이 정신 속에 사진 찍히듯 남아 잠재의식에 넘겨지며, 끌어당김의 법칙이 필연적으로 이를 객관적 형태로 만들어 내게 된다. 뿌린 대로 거둔다는 말이 과학적으로 그대로 실현되는 것이다.

▶ 모든 두려움, 결핍, 한계, 가난과 불화는 어떻게 극복할 수 있는가?

오류를 원칙으로 대체함으로써.

▶ 어떻게 원칙을 인식해야 하는가?

진리는 언제나 거짓을 파괴한다는 사실을 인식함으로 인해. 애써 어둠을 파내려 할 필요가 없다. 빛을 비추기만 하면 된다. 모든 부정적인 생각에도 같은 원칙으로 대응할 수 있다.

▶ 통찰력은 어떤 가치를 지니는가?

습득한 지식을 적용하는 것이 얼마나 중요한지 깨닫게 해준다. 사람들은 지식이 저절로 적용된다고 생각하지만, 이는 절대 사실이 아니다.

P A R T 16

행성 우주의 진동 활동은 주기성의 법칙에 따라 지배된다. 살아있는 모든 것은 탄생, 성장, 결실, 그리고 쇠퇴의 과정을 거친다. 이 과정들은 '7의 법칙^{Septimal} Law'의 지배를 받는다. 7의 법칙은 한 주의 날수, 달의 주기, 소리, 빛, 전기, 자기, 원자 구조의 조화를 관장한다. 개인과 국가의 삶을 지배하고, 상업 활동을 장악한다.

인생은 성장의 과정이고, 성장은 변화를 의미한다. 7년마다 우리는 새로운 주기로 들어가게 된다. 처음 7년은 유아기이다. 그다음 7년은 유년기로, 개인적 책임이 생기기 시작하는 단계이다. 다음 7년은 청소년기이다. 네 번째 주기는 완전한 성장을 이루는 단계이다. 다섯 번째 주기는 건설적인 주기로, 이때 재산과 소유물, 집과 가족을 얻기 시작하는 단계이다. 다음으로 35살에서 42살까지의 시기는 반응과 변화의 시기로, 이는 다시 재건과 조정, 회복의 시기로 이어지는데, 이를 통해 50세부터 시작되는 새로운 7년의 주기를 준비하게 된다.

많은 이들이 세계가 이제 막 제6주기를 지나고 있다고 말한다. 곧 조정과 재건, 조화의 주기인 제7주기로 들어설 것이라고 말이다. 이것이 흔히 밀레니엄이라고 말하는 주기이다.

이 순환의 과정에 익숙한 사람들은 일이 잘못되었다고 해서 당황하지 않고, 앞선 가르침에서 설명된 원칙을 적용할 수 있을 것이다. 모든 법칙을 지배하는 더 높은 법칙이 있으며, 영적인 법칙을 이해하고 의식적으로 작동시킬 때 아무리 어려워 보이는 상황이라도 축복으로 바꿀 수 있다는 굳은 확신을 두고 말이다.

사람은 별을 틀에 끼워 궤도를 돌도록 놓아줄 수는 있지만, 금빛 구슬과 같은 생각을
여러 세대에 걸쳐 굴러가도록 하는 하나님 앞에서 기억될 만한 일을 하지 못했다.

H.W. 비처

01

부는 노동의 산물이다. 자본은 원인이 아닌 결과이며, 주인이 아닌 종
이며, 목적이 아닌 수단이다.

02

부에 대한 가장 널리 인정된 정의는 "교환 가치를 지닌 모든 유용하
고 마음에 흡족한 것들"이다. 이 교환 가치가 부의 주요한 특성이다.

03

부가 행복에 이바지하는 바가 크지 않다는 점을 고려할 때, 부의 진정
한 가치는 사용성이 아닌 교환 가치에 있음을 알게 된다.

04

이 교환 가치로 인해, 부는 우리의 이상을 실현하게 해주는 진정 가치
있는 것들을 확보하는 도구가 된다.

그렇다면 부는 목적이 아닌 목적을 이루는 수단으로서만 추구되어야 한다. 성공은 단순한 부의 축적보다 더 고귀한 이상에 달려있다. 그런 성공을 열망하는 사람은 스스로 고군분투할만한 가치가 있다고 여기는 이상을 세워야만 한다.

그런 이상을 마음에 품으면, 방법과 수단은 생겨날 것이다. 하지만 목적과 수단을 혼동하는 실수를 저질러서는 안 된다. 분명하고 흔들리지 않는 목적, 즉 이상이 있어야 한다.

프렌티스 멀포드Prentice Mulford는 다음과 같이 말했다.

"성공한 사람은 위대한 영적 깨달음을 얻은 사람이다. 모든 위대한 성공은 높고 참된 영적인 능력으로부터 나온다."

안타깝게도, 이 능력을 인식하지 못하는 사람들이 있다. 그들은 앤드루 카네기의 어머니가, 카네기 가족이 처음 미국에 도착했을 때, 가족을 부양해야 했다는 사실과, 해리먼의 아버지가 연봉 200달러의 가난한 목회자였으며, 토마스 립턴 경은 단돈 25센트를 가지고 시작했다는 사실을 잊어버린다. 그들은 의지할 곳이 없었지만, 그로 인해 좌절하지 않았다.

창조력은 전적으로 영적 능력에 달려있다. 여기에는 이상화, 시각화, 물질화의 세 가지 단계가 있다. 산업계의 수장들은 전적으로 이 능력에 의존한다. 에브리바디스 매거진의 기사에서, 스탠다드 오일을 운영하는 백만장자 헨리 M. 플래글러^{Henry M. Flagler}는, 자신의 성공 비밀이 사물을 온전히 바라보는 능력에 있다고 말했다. 기자와 나눈 다음의 대화에는 그가 가진 이상화, 집중, 시각화의 영적 능력이 드러난다.

09

"실제로 모든 걸 시각화하셨나요? 그러니까 제 말은, 실제로 눈을 감고도 기찻길을 볼 수 있습니까? 달려가는 기차도요? 기적 소리도 들리고요? 정말 그 정도까지 가능한가요?"

"네."

"얼마나 명확하게요?"

"아주 명확하게요."

10

여기에서 우리는 법칙을 시각화하고, "원인과 결과"를 알며, 생각이 반드시 행동에 선행하며 행동을 결정짓는다는 것을 알게 된다. 지혜로운 사람이라면 어떠한 조건도 임의로 생겨나지는 않으며, 경험은 질서정연하고 조화로운 사건들의 결과라는 엄청난 사실을 깨닫게 될 것이다.

11

성공한 사업가는 이상주의자인 경우가 많으며 항상 더 높은 기준을 추구한다. 생각의 미묘한 힘이 우리의 일상 기분 속에 구체적으로 나타나면서 삶을 만들어 낸다.

12

생각은 삶에 대한 변화하는 개념을 형상화하는 가소성 있는 재료plastic material 와도 같다. 용도가 생각의 존재를 결정한다. 다른 사물과 마찬가지로, 그것을 인식하고 적절히 사용할 수 있는 능력이 있어야만 성공할 수 있다.

13

때 이른 부는 수치와 재앙의 전조일 뿐이다. 우리는 우리가 벌어들이지 않았거나 받을 자격이 없는 것을 영원히 가지고 있을 수 없기 때문이다.

14

외부 세계에서 만나는 조건들은 내부세계에서 발견되는 조건들과 상응한다. 이는 끌어당김의 법칙 때문이다. 그렇다면 내부세계에 어떤 것을 들여야 할지 어떻게 결정할까?

15

감각이나 외부의식을 통해서 마음으로 들어가는 것은 무엇이나 마음에 각인되고, 창조적 에너지를 위한 패턴이 될 심상mental image 를 만들어 내게 된다. 이런 경험은 대부분 환경, 우연, 과거의 생각, 혹은 다른 형태의 부정적 생각을 통해 생기므로, 우리는 이런 생각을 하기 전에 신중히 분석해야 한다. 반면, 우리는 타인의 생각, 외부 조건, 환경에 상관없이 내면의 사고 과정을 통해 자신의 심상을 만들 수도 있다. 그리고 이런 능력을 발휘함으로써 우리의 운명, 신체, 정신과 영혼을 다스릴 수 있다.

16

이 능력을 발휘함으로써, 우리의 운명을 우연의 손아귀에서 빼앗아, 의식적으로 우리가 원하는 경험을 만들어 낼 수 있게 된다. 우리가 마음속에서 어떤 조건을 만들어 내면, 그 조건이 마침내 삶 속에서 드러나기 때문이다. 앞서 했던 분석을 살펴보면, 생각이 삶에 있어서 하나의 거대한 원인임이 분명히 드러난다.

17

따라서 생각을 다스리는 것은 상황, 조건, 환경, 운명을 다스리는 것이다.

18

그렇다면 생각을 어떻게 다스릴 것인가? 어떤 과정을 거쳐야 할까? 생각한다는 것은 생각을 창조하는 것이다. 하지만 생각의 결과는 생각의 형태와 질, 생명력에 달려있다.

19

생각의 형태는 그 생각의 근원이 되는 심상에 따라 달라질 것이다. 이는 마음에 얼마나 깊이 각인되었느냐에 따라, 얼마나 깊이 그 생각을 하느냐에 따라, 얼마나 선명하게 시각화되느냐에 따라, 그리고 심상이 얼마나 대담한 모습을 띠느냐에 달려있다.

20

생각의 질은 그 원료에 따라 달라지며, 정신을 구성하고 있는 재료에 따라 달라진다. 활력과 힘, 용기, 결단력의 생각으로 짜인 재료로 만들어진 생각은 이런 특질을 보이게 된다.

21

마지막으로, 생각의 생명력은 생각을 품을 때의 감정에 좌우된다. 건설적인 생각은 생명력을 가진다. 그런 생각은 생명을 가지고, 성장하며 발전하고 커지고, 창조력이 있게 된다. 완전하게 발전하는데 필요한 모든 것을 끌어당기게 될 것이다.

22

파괴적인 생각은 그 속에 스스로를 소멸시키는 세균을 가지고 있다. 그런 생각은 죽게 되어있으며, 죽어가는 과정에서, 질병과 다른 모든 형태의 불화를 일으킨다.

23

우리는 이를 악^{evil}이라고 부른다. 어떤 이들은 이를 스스로 야기시켜 놓고 고난을 신의 탓으로 돌리곤 하지만, 신은 단순히 보편적 정신이 평정의 상태에 있는 존재일 뿐이다.

24

그것은 좋지도 나쁘지도 않으며, 그저 존재할 뿐이다.

25

이를 형태로 다양화시키는 능력이 우리가 선이나 악을 외부 세계로 드러내는 능력이다.

26

그러므로 선과 악은 실체가 아니며, 행동의 결과를 나타내기 위해 사용하는 말일 뿐이다. 그리고 이러한 행동은 다시 생각의 특성에 의해 미리 결정된다.

27

생각이 건설적이고 조화롭다면 선을 드러내고, 파괴적이고 부조화스럽다면 악을 드러낸다.

28

지금과 다른 환경을 시각화하고 싶다면, 그 이상이 실현될 때까지 마음에 품으면 된다. 사람들이나 장소, 사물에 대해 걱정은 하지 말라. 이런 것들은 절대자 안에서 문제가 되지 않는다. 당신이 꿈꾸는 환경에 필요한 모든 것이 있다. 적절한 장소에서 적절한 때에 적절한 사람과 물건들이 생겨날 것이다.

29

성격, 능력, 성과, 성공, 환경, 운명이 어떻게 시각화 때문에 제어되는지 이해하기 힘든 면도 있지만, 이는 엄연한 과학적 사실이다.

30

생각이 우리의 정신 상태를 좌우하고 정신 상태는 다시 능력과 정신력을 좌우한다는 것을 잘 알게 될 것이다. 능력이 향상되면 더 큰 성취를 이루게 되고 환경에 대한 제어력도 향상된다는 점 또한 알게 될 것이다.

31

따라서 자연법칙은 전적으로 자연스럽고 조화롭게 흘러간다는 것을 알 수 있다. 모든 일은 "그냥 일어나는 것"처럼 보인다. 이 사실을 증명하고 싶다면, 당신의 삶에서 얻은 노력의 결과들을 비교해보라. 고귀한 이상에 이끌려 행동했을 때와 이기적이고 숨은 속셈을 품고 있었을 때를 비교해보면 명백히 알 수 있을 것이다. 원하는 것을 이루고 싶다면, 그 소망을 시각화함으로써 성공한 모습을 머릿속에 그려라. 이렇게 하면 반드시 성공할 것이다. 과학적 방법을 통해서 그 소망이 외부적 삶으로 드러나게 할 것이다.

32

우리는 외부 세계에 이미 존재하는 것만 볼 수 있지만, 우리가 시각화하는 것은 영적 세계에 이미 존재하는 것이다. 그리고 우리가 이상에 충실할 때, 이 시각화는 미래에 외부 세계에 현실화할 것의 중요한 상징이다. 이렇게 되는 이유는 복잡하지 않다. 시각화는 상상력의 한 형태이고, 이 과정을 통해 정신에 각인을 시킨다. 이 각인된 내용이 개념이나 이상을 형성하게 되는데, 이것이 최고의 건축가인 보편적 정신이 미래를 만드는 청사진이 된다.

33

심리학자는 단지 하나의 감각, 곧 느낌이라는 감각만 있다는 결론에 도달했다. 다른 모든 감각은 느낌의 변형일 뿐이라고 말한다. 이것이 사실이라면, 우리는 어째서 느낌이 힘의 원천이고, 왜 감정이 지성을 그렇게 쉽게 제압하는지, 그리고 결과를 얻고 싶다면 왜 생각에 감정을 실어야 하는지 알게 될 것이다. 생각과 감정은 매력적인 조합이다.

34

물론 시각화는 의지 때문에 제어되어야 한다. 우리는 정확히 우리가 원하는 것을 시각화하고 상상력이 날뛰도록 내버려 두어서는 안 된다. 상상력은 훌륭한 종이지만 멍청한 주인이기도 해서, 제어되지 않으면 사실무근의 온갖 추측과 결론으로 우리를 오도하기 쉽다. 온갖 종류의 의견들이 분석적 실험의 과정을 거치지 않고 수용될 위험이 있고, 이는 필연적으로 정신적 혼란을 일으키게 된다.

35

그러므로 과학적으로 참이라고 알려진 심상만 만들어 내야 한다. 모든 생각을 조사, 분석하고 과학적으로 옳은 것만 받아들여라. 이렇게 하면 실행할 수 있는 것만 시도할 것이고, 당신의 노력은 성공으로 이어질 것이다. 이것이 기업가들이 선견지명이라 부르는 것이다. 이는 통찰력과 유사하며, 모든 중대한 일들에 있어서 위대한 성공 비결 중 하나이다.

36

이번 장의 훈련으로, 조화와 행복은 의식의 상태이며 물질의 소유에 달렸지 않다는 중요한 사실을 인식하도록 해라. 물질은 올바른 정신 상태의 결과로 얻어지는 결과물이다. 그렇기에 우리가 물질적 소유를 얻기를 원한다면 먼저 원하는 결과를 얻기에 적합한 정신 태도를 갖추어야 한다. 이런 정신 태도는 우리의 영적 속성을 파악하고 만물의 근원인 보편적 정신과 하나를 이룰 때 얻어질 수 있다. 이를 깨달으면 우리는 삶을 영위하는 데 필요한 모든 것을 얻게 된다.

질문과 대답

▸ 부는 무엇에 의해 좌우되는가?
생각의 창조적 속성을 이해하는가에 의해 좌우된다.

▸ 생각의 진정한 가치는 어디에 있는가?
교환 가치에 있다.

▸ 성공은 무엇에 의해 좌우되는가?
영적 능력에 의해.

▸ 이 능력은 무엇에 좌우되는가?
용도에 의해. 용도가 그 존재를 결정짓는다.

▸ 운명을 우연의 손아귀에서 빼앗기 위해서는 어떻게 해야 하는가?
삶에서 현실화하길 바라는 상황들을 의식 속에 떠올림으로써.

▸ 삶에 있어서 중대한 일은 무엇인가?
생각하는 일

▸ 그 이유는 무엇인가?

생각은 영적이며 그렇기에 창조력이 있기 때문이다. 생각을 의식적으로 제어하면 상황, 조건, 환경, 운명을 제어할 수 있게 된다.

▸ 악의 근원은 무엇인가?

파괴적 생각

▸ 모든 선의 근원은 무엇인가?

과학적이고 올바른 생각

▸ 과학적인 생각이란 무엇인가?

영적 에너지의 창조적 속성과 이를 제어하는 능력이 우리에게 있음을 깨닫는 것.

PART 17

인간이 의식적 혹은 무의식적으로 숭배하는 신^{deity}은 그 숭배자의 지적 상태를 드러낸다. 인도인에게 신에 관해 물어본다면, 그는 강력한 힘을 지닌 영광스러운 부족의 우두머리로 묘사할 것이다. 이교도에게 신에 관해 물어본다면, 그는 불의 신, 물의 신, 그리고 이것저것의 신에 대해서 얘기할 것이다. 이스라엘 사람에게 신에 관해 물어본다면, 그는 십계명을 통해서 강압적으로 통치하는 것이 유리하다고 판단했던 모세의 하나님에 관해서 얘기할 것이다. 혹은, 이스라엘 자손을 전장으로 이끌고, 재산을 몰수했으며, 죄수들을 죽이고, 도시를 폐허로 만들었던 여호수아의 하나님에 관해서 얘기할 수도 있다.

소위 말하는 "야만인^{heathen}"은 자신들의 흔히 섬기는 신의 "우상^{graven images}"을 만들었다. 하지만 적어도 지적인 이들 사이에서는, 이들 우상은 그들이 삶에서 외부화시키고자 하는 것들에 주목하게 해주는 가시적인 지렛대에 지나지 않았다. 21세기를 사는 우리는 이론상으로는 사랑의 신을 섬긴다고 하지만, 실상은 스스로를 위해 부와 권력, 패션, 관습과 인습의 우상을 만들었다. 우리는 그 앞에 엎드려 경배한다. 그것에 집중하고 그 결과 그것들이 우리 삶에 외부화되어 나타난다.

제17부를 공부하는 여러분들은 상징과 현실을 혼동하지 않게 될 것이다. 결과가 아닌 원인에 관심을 가지게 될 것이다. 삶의 현실에 집중할 것이며 그렇기에 결과에 실망하지 않을 것이다.

생각은 생각을 즐기는 자만의 자산이다.

에머슨

01

흔히 인간을 "만물의 영장"이라 부르는데, 이 지배력은 정신으로부터 나온다. 생각이 모든 기본이 되는 원칙들을 다스린다. 최고의 원칙은 탁월한 본질과 자질을 포함하고 있기에, 그와 접하는 모든 것에 관련된 상황, 면모, 관계를 결정지을 수밖에 없다.

02

정신력의 진동은 가장 섬세하고 그렇기에 존재하는 것 중 가장 강력하다. 정신력의 속성과 초월성을 알게 되면 모든 육체적 힘은 중요성을 잃게 된다.

03

우리는 오감을 통해 세상을 바라보는 데 익숙해 있고, 이 경험을 통해 의인화된 개념들이 생겨난다. 하지만 참된 개념은 영적 통찰력을 통해서만 얻어질 수 있다. 이 통찰력을 얻으려면 정신의 진동이 빨라져야 하고, 정신을 지속해서 한 방향에 집중해야만 한다.

04

지속적인 집중이란 생각이 고르게, 끊기지 않고 흘러가는 것을 의미하며, 이는 꾸준하고 지속적이며 잘 정돈된 체계의 결과이다.

05

위대한 발견은 꾸준한 조사의 결과로 얻어진다. 수학의 대가가 되려면 몇 년간 집중해서 노력해야 하고, 최고의 과학이라 할 수 있는 정신과학은 노력을 집중해야만 밝혀낼 수 있다.

06

많은 이들이 집중에 대해서 오해한다. 집중과 관련된 노력이나 활동이 있어야 한다고 생각하는 듯한데, 실은 정반대로 해야 옳다. 연기자의 위대함은 그가 자신의 역할 속에서 스스로를 잊고 그 역할과 동일시함으로써 관객에게 연기의 생생함에 압도되도록 하는 데 있다. 여기에서 참된 집중에 관한 힌트를 얻을 수 있다. 생각에 깊은 관심을 두고 그 주제에 깊이 빠져들어서 다른 것은 의식도 하지 못할 정도가 되어야 한다. 이렇게 집중하면 집중하고 있는 대상의 본질에 대한 본능적 인식과 즉각적 통찰이 가능하게 된다.

07

모든 지식이 이런 집중의 결과로 얻어진다. 만물의 비밀도 이렇게 얻어진다. 이렇게 마음이 자석이 되어서 지적 욕망이 지식을 끌어당길 때, 그 지식이 당신의 것이 되는 것이다.

08

소망은 대부분 잠재의식 속에 있다. 의식적 소망은 그 대상이 곧바로 얻을 수 없는 것일 때 대체로 이루어지지 못한다. 잠재 의식적 소망은 마음속에 잠자고 있는 능력을 깨우고, 어려운 문제들이 저절로 풀리는 듯 느껴지게 한다.

09

집중을 통해 잠재의식을 깨워서 원하는 방향으로 행동하게 하고 우리의 목적에 맞게 사용할 수 있다. 집중을 훈련하려면 몸과 정신을 다스릴 수 있어야 한다. 신체적이든 정신적이든 모든 의식을 제어해야 한다.

10

그러므로 영적 진리가 조절변수로 작용한다. 영적 진리를 통해 제한된 성취에서 벗어나 사고방식을 성격이나 의식 상태로 드러낼 수 있는 경지에 이를 수 있다.

11

집중은 단지 생각하는 것이 아니라 이런 생각들을 실질적 가치가 있는 것으로 바꾸는 과정을 의미한다. 평범한 사람은 집중의 의미에 대해 알지 못한다. "가지고 싶다."라고 외치면서도 그에 합당한 사람이 "되려고" 하지는 않는다. 후자가 되지 않고는 전자를 가질 수 없음을 깨닫지 못한다. 먼저 "그 나라"를 구해야 "모든 것을 더할 수" 있음을 깨닫지 못하는 것이다. 일시적인 열정은 가치가 없다. 무한한 자신감을 통해서만 목표를 이룰 수 있다.

12

이상을 너무 높게 정해서 이루지 못하는 일도 있다. 훈련되지 않은 날개로 날아오르려다가, 날기는커녕 땅으로 떨어지는 것이다. 하지만 그렇다고 해서 다시 시도하지 않을 이유는 없다.

13

연약함은 정신적 성취를 막는 유일한 장애물이다. 연약함을 신체적 한계나 정신적 불확신의 탓으로 보고 다시 시도해보라. 반복을 통해서 쉽고 완벽해질 수 있다.

14

천문학자는 별에 집중하기에 그 비밀을 밝혀낸다. 지질학자는 땅의 구조에 집중하기에 지질학이 생겨났다. 인간은 삶의 문제들에 집중하고, 그 결과로 오늘날 방대하고 복잡한 사회 질서가 생겨났다.

15

모든 정신적 발견과 성취는 소망과 집중이 더해진 결과이다. 소망은 가장 강력한 형태의 행동이다. 끈질기게 소망할수록 그 결과는 더 확실하게 나타난다. 소망을 가지고 집중하면 자연의 어떤 비밀도 캐낼 수 있다.

16

위대한 사상을 깨닫고, 위대한 사상에 걸맞은 위대한 감정을 경험하면, 고차원적인 것들의 가치를 이해하는 상태에 이르게 된다.

17

한순간이라도 진지하게 집중하고 무언가가 되거나 성취하고 싶다고 강하게 열망하면 몇 년간 천천히 마지못해 노력한 것보다 훨씬 더 앞서 나갈 수 있다. 이때 불신과 연약함, 무기력, 자기 비하라는 감옥의 문이 열리고, 이것을 극복했을 때의 기쁨을 알게 될 것이다.

18

진취성과 독창성은 꾸준하고 지속적인 정신적 노력을 통해 계발된다. 사업에서는 집중이 중요하고 강인한 결단력이 요구된다. 그렇게 함으로써 실질적인 통찰력과 빠른 결단력이 키워질 수 있다. 모든 사업에 있어서 정신적 요소는 주된 요소이고, 욕망은 그중에서도 지배적인 힘을 발휘한다. 모든 상업적 거래는 욕망이 외부화된 것이다.

19

많은 단호하고 실질적인 미덕들은 상업적인 업무를 통해 발전한다. 마음이 차분해지고 방향성이 생기게 되며, 효율성이 생긴다. 그러기 위해 가장 필요한 것은 정신을 강하게 해서, 본능에서 오는 방해와 제멋대로의 충동을 뛰어넘음으로써, 고차원적 자아와 저차원적 자아 사이의 충돌을 성공적으로 극복하는 것이다.

20

우리는 모두 발전기와 같다. 하지만 발전기 자체는 아무것도 할 수 없다. 정신이 발전기를 가동해야 한다. 그럴 때 발전기가 쓸모 있게 되고 에너지를 분명하게 모을 수 있게 된다. 정신은 그 능력을 가늠할 수 없는 엔진과 같고, 생각은 무엇이든 이루어내는 능력이다. 그것은 모든 형태와 그 형태로 발생하는 모든 사건을 지배하고 창조한다. 육체적 에너지는 생각의 전능한 힘에 비하면 아무것도 아니다. 인간이 다른 모든 자연의 힘을 다스릴 수 있는 것은 생각 덕분이기 때문이다.

21

진동은 생각의 행동이다. 이 진동이 밖으로 뻗어나가서 만들고 짓는 데 필요한 재료를 끌어들인다. 생각의 능력에 대해서는 신비로운 것이 없다. 집중은 그 대상과 동일시되는 경지에 이르기까지 의식을 한 곳에 집중한다는 것을 의미한다. 흡수된 음식물이 몸의 바탕을 이루듯이, 정신도 집중하고 있는 대상을 흡수해서 생명력을 주고 존재하게 한다.

22

중요한 일에 집중하면 직관력이 작동하기 시작하고 성공으로 이끌어 줄 정보의 도움을 받게 될 것이다.

23

직관은 경험이나 기억의 도움 없이 결론을 내린다. 종종 추론의 힘이 미치지 못하는 문제들을 해결하곤 한다. 직관은 종종 깜짝 놀랄 정도로 갑자기 찾아와서 우리가 찾고 있던 진리를 직접적으로 드러내 보여주어서, 그 진리가 마치 초월적 존재로부터 온 것처럼 보이기도 한다. 우리는 직관을 훈련하고 계발할 수 있다. 그러기 위해서는 먼저 직관을 인식하고 인정해야 한다. 직관이라는 손님이 찾아왔을 때 성대하게 맞아준다면 그는 다시 올 것이다. 다정하게 맞아줄수록 더 자주 방문할 것이다. 하지만 무시하고 마음을 쓰지 않는다면 덜 자주, 드문드문 오게 될 것이다.

24

직관은 보통 고요함 속에서 찾아온다. 위대한 사람들은 자주 혼자 있는 시간을 갖는다. 바로 이때 인생의 큰 문제들을 해결하게 된다. 이런 이유로 능력이 되는 모든 사업가는 방해받지 않고 지낼 수 있는 개인 사무실을 가지고 있다. 그럴 여유가 되지 않는다고 해도, 최소한 하루에 몇 분 동안은 혼자 지낼 수 있는 장소를 찾아서 성공을 위해 필요한 강력한 능력을 계발하려는 생각을 단련하라.

25

잠재의식은 근본적으로 전능하다는 것을 기억하라. 능력을 주면 잠재의식에서 한계란 없다. 성공의 정도는 소망의 속성에 따라 달라진다. 당신이 소망하는 것이 자연법칙 즉 보편적 정신과 조화를 이룬다면, 마음이 자유로워지고 무한한 용기를 얻게 될 것이다.

26

장애물을 극복하고 승리를 쟁취할 때마다, 당신은 자신의 능력을 더 신뢰하게 되고 능력은 더욱 향상될 것이다. 당신의 힘은 마음가짐에 달려있다. 성공의 마음가짐을 가지고 목표 앞에 흔들림이 없으면, 보이지 않는 영역으로부터 자신이 조용히 요구하는 것을 끌어당기게 될 것이다.

27

생각을 마음속에 간직하면 점차로 눈에 보이는 형태로 나타난다. 목표를 분명히 하면 원인이 작동되는데, 이 원인은 보이지 않는 세계로 나가 당신의 목적을 이루는 데 필요한 물질을 찾아온다.

당신은 힘 그 자체보다는 힘의 상징을 좇고 있는지 모른다. 명예보다는 명성을, 부보다는 재산을, 봉사보다는 지위를 좇고 있는지 모른다. 어떤 경우이건 간에 당신이 그것들을 차지하는 순간 재로 변해버리는 것을 보게 될 것이다.

28

때 이른 부나 지위는 유지될 수 없다. 그것이 노력해서 얻은 것이 아니기 때문이다. 우리는 준 것만 받을 수 있다. 주지 않고 얻으려 하는 사람들이 항상 알게 되는 것은 보상의 법칙에 따라서 가차 없이 정확한 평형상태가 유지된다는 점이다.

29

사람들은 돈이나 다른 힘의 상징을 두고 경쟁해 왔다. 하지만 능력의 참된 근원을 알게 된 이상 이제 그 상징들은 무시할 수 있다. 은행 계좌에 돈이 많은 사람은 더는 주머니를 금덩이로 채우지 않을 것이다. 같은 이치로, 능력의 참된 근원을 찾은 사람은 더는 가식이나 허세에 관심을 두지 않는다.

30

생각은 보통 발전적 방향으로 외부를 향해 나아가지만, 내부로 돌이켜서 사물의 근본 이치, 사물의 중심, 사물의 영혼을 이해하려 할 수도 있다. 사물의 중심에 이르게 되면 이를 이해하고 조종하기가 비교적 쉬워진다.

31

이는 사물의 영혼이야말로 사물 그 자체이며, 생명력이고, 실체이기 때문이다. 형태는 내면에서 일어나는 영혼의 활동이 외적으로 드러난 것뿐이다.

32

이번 장에서의 훈련을 위해, 여기에서 설명된 방법에 최대한 가까이 집중해 보자. 목적과 관련된 어떤 의식적인 노력이나 활동도 배제하라. 긴장을 완전히 풀고, 결과에 대해 어떤 근심도 하지 말라. 능력이 쉼으로부터 온다는 것을 기억하라. 생각하는 대상에 완전히 집중하여, 그 대상과 완전히 하나가 되고 다른 것들은 의식하지 못하도록 하라.

33

두려움을 없애고 싶다면, 용기에 집중하라.

34

결핍을 없애고 싶다면 풍요에 집중하라.

35

질병을 없애고 싶다면, 건강에 집중하라.

36

마치 이상이 이미 실현된 현실인 양 거기에 집중해라. 이것은 생식세 포이자 생명 원리로, 필요한 관계를 안내하고 지시하고 불러올 원인을 작동시킬 것이다. 그렇게 하면 마침내 이상이 형태로 나타나게 된다.

질문과 대답

▶ 참된 집중의 방법은 무엇인가?
생각하는 대상과 완전히 하나가 되어서 다른 것을 의식하지 못하게 되는 것.

▶ 이런 집중 방법의 결과는 무엇인가?
생각에 상응하는 조건을 틀림없이 가져다줄 보이지 않는 힘이 작동된다.

▶ 이 생각 방법을 다스리는 요소는 무엇인가?
영적 진리

▶ 그 이유는 무엇인가?
우리 소망의 속성이 자연법칙과 조화를 이루어야 하기 때문이다.

▶ 이런 집중 방법은 어떤 실질적 가치를 지니는가?
생각이 성격으로 변하게 되고, 이 성격이 자석처럼 개인의 환경을 조성하게 된다.

▶ 모든 상업적 활동을 다스리는 요소는 무엇인가?
정신적 요인

▸ 그 이유는 무엇인가?

마음이 모든 형태와 그 형태로 나타나는 모든 사건을 지배하고 만들어
내므로.

▸ 집중은 어떻게 작용하는가?

인식력, 지혜력, 직관력, 총명함을 계발함으로써.

▸ 직관이 이성보다 우월한 이유는 무엇인가?

경험이나 기억에 의존하지 않으며, 종종 우리가 전혀 알지 못하는 방법
으로 문제를 해결하므로.

▸ 현실의 상징을 추구하면 어떤 결과를 맞게 되는가?

그것을 손에 넣는 순간 재로 변해버린다. 상징은 내면에서 일어나는 영
적 활동의 외적 형태에 지나지 않기에, 영적 실체를 갖지 못하면 형태는
사라져 버린다.

PART 18

성장하기 위해서는 성장에 필요한 것들을 획득해야 한다. 이는 끌어당김의 법칙을 통해서 가능하다. 이 법칙을 통해서만이 개인은 보편적 존재와 구분된다. 잠깐 생각해보자. 한 사람에게서 남편, 아버지, 형제라는 자격이 없어진다면, 혹은 그가 사회적, 경제적, 정치적, 종교적 세계에 무관심하다면, 그를 무엇이라 정의하겠는가? 그는 단지 관념적이고 이론적인 자아에 지나지 않게 된다. 따라서 그는 전체와의 관계를 통해서만, 다른 사람들과의 관계를 통해서만, 그리고 사회와의 관계를 통해서만 존재한다고 말할 수 있다. 이런 관계들만이 그의 환경을 조성하며, 다른 방법은 없다.

그러므로 개인은 단지 "세상에 와서 각 사람에게 비추는 빛"인 하나의 보편적 정신이 여러 형태로 드러나는 것이라고 할 수 있겠다. 소위 말하는 개성 individuality 과 성격 personality 은 그가 세상과 관계를 맺는 방식에 의해 만들어진다. 우리는 이를 환경이라 부르며, 이는 끌어당김의 법칙에 따라 만들어진다. 이어질 18부에서는 이 중요한 법칙에 대해 자세히 이야기해 볼 것이다.

> 내 마음속에는 생각이 없지만, 그것은 빠르게 스스로를 힘으로 바꾸는 경
> 향이 있고, 엄청난 도구가 된다.
>
> 에머슨

01

세계 사조에 변화가 일고 있다. 이 변화는 우리 가운데에서 조용히 진행되고 있는데, 이교(異敎)의 쇠퇴 이후 세계 변화 중 가장 중요한 사건이다.

02

교양있고 세련된 사람들뿐 아니라 노동 계급까지 포함하는 모든 계급의 사람들의 견해에 있어서 일어나고 있는 이런 혁명은 세계 역사상 유례가 없는 일이다.

03

최근 과학계에서는 방대한 발견을 이루고, 무한한 자원을 발견했으며, 엄청난 가능성과 예상치 못했던 힘을 밝혀냈다. 이로 인해 과학계 사람들은 점점 더 어떤 이론을 의심의 여지가 없다고 확신하거나 말도 안 되는 불가능한 것이라고 부인하기를 꺼리게 되었다.

04

새로운 문명이 탄생하고 있다. 관습과 사조, 선례가 사라지고, 비전, 신념, 봉사가 자리 잡고 있다. 전통의 족쇄가 인류에게서 사라지고, 물질주의의 불순물들이 씻겨 나가면서, 생각이 자유로워지고, 경이로움에 가득 찬 대중 앞에 진리가 당당히 떠오르고 있다.

05

전 세계가 새로운 의식과 새로운 힘, 새로운 깨달음의 전야를 맞이하고 있다.

06

물질과학은 물질을 분자로, 분자를 원자로, 원자를 에너지로 분해했고, 암브로즈 플레밍Ambrose Fleming은 왕립 연구소에서 행한 연설에서 마침내 이 에너지를 정신으로 분해했다. 그는 다음과 같이 말했다.

"에너지는 그 궁극적인 본질을 찾아가게 되면, 우리가 정신Mind 혹은 의지Will라 불리는 것들의 직접적인 작용을 보여준다고 보는 것 외에는 이해할 방법이 없다."

07

정신은 내재하는 최고의 것이다. 정신은 물질뿐 아니라 영혼에도 존재한다. 그것은 우주를 유지하고 에너지를 주며 모든 곳에 스며드는 영혼이다.

08

모든 생명체는 이 전능한 지능에 의해 유지되고, 개인의 삶에 차이가 나는 것은 이 지능의 정도가 다르기 때문이다. 우월한 지능 덕에 동물은 식물보다 고차원적 존재가 되고, 사람은 동물보다 고차원적 존재가 된다. 이 우월한 지능은 개인이 행동양식을 제어해서 의식적으로 자신의 환경에 적응할 수 있다는 점에서도 드러난다.

09

위대한 인물들이 관심을 가지는 것이 이 적응인데, 적응은 보편적 정신에 이미 존재하는 질서를 인식하는 일이다. 우리가 보편적 정신에 순종하는 만큼만 그도 우리에게 순종한다는 사실은 이미 알고 있다.

10

이 자연법칙을 인식하게 되면 우리는 시공간을 초월할 수 있고, 하늘로 날아오를 수 있게 되며, 강철을 물에 뜨게 할 수도 있다. 지능이 우월할수록 이 자연법칙을 더 잘 인식하게 되고 더 강한 능력을 소유할 수 있다.

11

자신이 보편적 지능이 개체화된 존재임을 인식하면 개인은 아직 이러한 자아 인식의 단계에 이르지 못한 다른 개체들을 다스릴 수 있게 된다. 그들은 이 보편적 지식이 행동할 준비가 되어있는 모든 것들에 스며들어 있다는 것을 알지 못하며, 모든 요구에 반응한다는 것도 알지 못한다. 결국 스스로의 존재의 법칙에 매여 있는 것이다.

12

생각은 창조력이 있으며 법칙의 기반이 되는 원리는 견고하고 합당하며 만물의 속성에 내재한다. 하지만 이 창조력은 개인으로부터 유래하는 것이 아니며, 모든 에너지와 원료의 근원이자 기반이 되는 보편적 존재로부터 유래한다. 개인은 이 에너지를 흘려보내는 통로일 뿐이다.

13

개인은 보편적 존재가 현상을 만들어 내는 다양한 조합을 만들어 내기 위한 수단에 지나지 않는다. 이는 진동의 법칙에 따른다. 이 법칙에 따라서 근본적 원료는 다양한 속도로 움직이면서 정확한 비율로 새로운 원료를 만들어 낸다.

14

생각은 개인이 보편적 존재와 유한한 존재가 무한한 존재와, 보이는 존재가 보이지 않는 존재와 소통하는 보이지 않는 고리이다. 생각이라는 마술을 통해 인간은 생각하고 알고 느끼고 행동하는 존재로 탈바꿈하게 된다.

15

적절한 기구를 이용해서 수백만 마일 떨어진 세계를 눈으로 발견하게 되었듯이, 올바른 깨달음 덕분에 인간은 모든 능력의 근원이 되는 보편적 정신과 소통할 수 있게 되었다.

16

사람들이 흔히 얻게 되는 깨달음은 비디오테이프 없는 VCR만큼이나 가치 없는 것이다. 사실 그것은 "믿음"에 지나지 않으며 아무런 가치가 없다. 카니발 제도의 야만인들도 무언가를 믿기는 하지만, 그것은 아무런 의미가 없다.

17

가치 있는 유일한 믿음은 시험을 거쳐 사실로 입증된 믿음이다. 그때는 더는 믿음에 그치지 않고 살아있는 신념, 혹은 진리가 된다.

18

수많은 사람이 이 진리를 시험했지만, 그것이 진리로 밝혀진 정도는 그들이 사용한 기구가 얼마나 유용했는가에 비례했다.

19

성능이 충분히 뛰어난 망원경 없이는 수백만 킬로미터 떨어진 별의 위치를 파악할 수 없다. 이 때문에 과학자들은 끊임없이 더 크고 성능이 뛰어난 망원경을 만들고자 하고 있으며, 그 결과 계속해서 천체에 관한 새로운 지식을 얻고 있다.

20

깨달음에서도 마찬가지이다. 사람들은 계속해서 보편적 정신과 소통하고 그 무한한 가능성에 대해 알려는 방법들을 발전시키고 있다.

21

보편적 정신은 각각의 원자가 다른 원자를 끌어당긴다는 끌어당김의 법칙을 통해 강하게 외부 세계로 스스로를 드러낸다.

22

이렇게 끌어당겨서 조합하는 원리를 통해 사물이 합해지게 된다. 이 원칙은 어디에나 적용되며, 존재의 목적이 결과를 달성하게 되는 유일한 방법이기도 하다.

<h2 style="text-align:center">23</h2>

성장은 이 보편적 원리를 잘 사용할 때 가장 아름답게 실현된다.

<h2 style="text-align:center">24</h2>

성장을 위해서 우리는 성장에 필수적인 것들을 얻어야 한다. 하지만 우리가 항상 완전한 사고체thought entity이기에, 이 완전함으로 인해 우리가 주는 만큼만 받을 수 있게 된다. 그러므로 성장은 상호작용 속에서만 일어난다. 우리는 정신적 영역에 있어서 유유상종하며, 정신적 진동은 그 진동과 조화를 이루는 한에서만 반응함을 알 수 있다.

<h2 style="text-align:center">25</h2>

그러므로 풍요의 생각이 비슷한 생각에만 반응하며, 개인의 부는 그의 내면의 상태를 드러냄이 분명하다. 내면의 풍요는 외적 풍요를 끌어들이는 비결이다. 생산하는 능력이 개인의 부의 참된 원천이다. 이런 이유로 일에 마음을 쏟는 사람은 반드시 무한한 성공을 이루게 되어있다. 그는 끊임없이 줄 것이며, 주면 줄수록 더 많이 받게 될 것이다.

<h2 style="text-align:center">26</h2>

월 스트리트의 거대 자본가, 기업의 수장, 정치인, 대기업 변호사, 발명가, 의사, 저자. 생각의 힘을 제외하면 이들이 인간의 행복에 이바지한 것이 무엇이 있겠는가?

27

생각은 끌어당김의 법칙을 작동시키는 에너지이고, 이는 결국 풍요로움으로 나타난다.

28

보편적 정신은 정적인 정신이며 평형상태의 원료이다. 이는 우리의 사고력에 의해 다양한 형태로 나타난다. 생각은 정신의 역동적 단계이다.

29

능력은 능력을 의식하는가에 좌우된다. 능력을 사용하지 않으면 잃어버리게 되고, 능력을 의식하지 않으면 사용할 수 없다.

30

능력의 사용은 주의력에 달려있다. 얼마나 집중하는가에 따라 지식을 얻을 수 있는 정도가 달라지는데, 지식은 능력의 또 다른 이름이다.

31

주의력은 천재를 구분 짓는 특성이라고 여겨져 왔다. 집중력을 기르기 위해서는 훈련이 필요하다.

32

주의력의 동기는 관심이다. 관심이 클수록 주의력이 커진다. 주의력이 커지면 관심이 커진다. 작용과 반작용의 관계이다. 그러므로 먼저 관심을 기울여라. 머지않아 관심이 생길 것이다. 이 관심은 더 강한 주의력을 끌어당길 것이고, 주의력은 더 큰 관심을 낳을 것이며, 이렇게 계속될 것이다. 이것을 연습하면 주의력을 키우게 될 것이다.

33

이번에는 창조력에 집중해 보자. 통찰력과 인식력을 구하라. 당신 안에 있는 믿음의 논리적 기반을 찾아보아라. 육체로서의 인간이 모든 생명체를 유지하는 공기 속에서 살고 움직이고 존재하며, 그는 살기 위해서 숨 쉬어야 한다는 사실을 깊이 생각해보라. 영으로서의 인간 또한 그와 비슷하지만, 더 미묘한, 그의 생명이 의지하는 에너지 속에서 살고 움직이고 존재한다는 사실도 천천히 생각해보라. 물질세계에서 씨앗이 뿌려지기 전에는 어떤 생명도 탄생할 수 없으며, 어떤 열매도 모체보다 나을 수 없듯이, 영적 세계에서도 씨가 뿌려지기 전에는 어떤 결과도 나올 수 없으며 열매는 그 씨앗의 속성에 달려있다. 그러므로 당신이 얻게 될 결과는 인과관계라는, 인간 의식의 최고 발달단계의 법칙을 이해하는가에 달려있다.

고요한 생각은 결국 인간사에서
가장 강력한 동인[agent]이다.

채닝

질문과 대답

▶ 각 개인의 삶의 차이는 무엇으로 측정할 수 있는가?
그들이 드러내는 지능의 정도로.

▶ 개인이 다른 지적 존재를 다스리는 법칙은 무엇인가?
스스로를 보편적 지성이 개체화된 존재임을 인식해야 한다.

▶ 창조력은 어디에서 비롯되는가?
보편적 정신에서

▶ 보편적 정신은 어떻게 형태를 드러내는가?
개인을 통해서

▶ 개인과 보편적 정신을 연결하는 고리는 무엇인가?
생각

▶ 존재의 목적이 이루어지는 원칙은 무엇인가?
사랑의 법칙

▶ 이 법칙은 어떻게 표현되는가?

성장의 법칙에 따라

▶ 성장의 법칙은 어떤 조건에 좌우되는가?

상호작용으로. 개인은 언제나 완전하고, 그 때문에 주는 만큼만 받을 수 있다.

▶ 우리가 주는 것은 무엇인가?

생각

▶ 무엇을 받게 되는가?

생각. 이는 평행상태의 원료이자 우리 생각에 따라 끊임없이 다른 형태를 띠게 된다.

두려움은 강력한 생각의 한 형태이다. 두려움은 신경중추를 마비시켜서 혈액 순환에 영향을 미친다. 그리고 다시 근육 체계를 마비시켜서, 몸, 뇌와 신경, 근육 등 신체적, 정신적 존재 전체에 영향을 미치게 된다. 두려움을 극복하는 방법은 물론 능력을 아는 것이다. 우리가 능력이라고 부르는 이 신비로운 생명력은 무엇인가? 우리는 알지 못한다. 하지만 생각해보면, 우리는 전기에 대해서도 알지 못한다. 하지만 전기를 다스리는 법칙이 요구하는 바에 순응했을 때, 전기가 우리에게 순종적인 하인과 같이 될 수 있다는 것은 알고 있다. 우리의 집과 도시를 밝히고, 기계를 움직이게 하며, 많은 유용한 방법으로 우리에게 도움이 된다는 점 말이다.

생명력도 마찬가지이다. 그것에 대해 잘 알지 못하지만, 그리고 아마 앞으로도 알 수 없을 테지만, 그것이 생명체를 통해 드러나는 원초적 힘이며, 그것을 다스리는 법칙과 원칙에 순응했을 때 풍성한 생명력이 우리에게 흘러들어올 것이며, 그로 인해 우리는 높은 수준의 정신적, 도덕적, 영적 효율성을 나타내게 될 것이라는 점은 알고 있다. 이번 장에서는 생명력을 발전시키는 매우 간단한 방법에 관해 이야기할 것이다. 이번 장에서 소개된 정보를 실행에 옮길 때, 오랫동안 천재들의 뚜렷한 특징이라 여겨져 왔던 권력의식ª sense of power을 가질 수 있게 될 것이다.

01

진리를 향한 탐구는 더는 우연한 모험이 아니라 체계적인 과정이며 논리적으로 이루어진다. 결정을 내리는 데 있어서 모든 경험을 고려해야 한다.

02

진리를 추구할 때, 우리는 궁극의 원인을 찾고 있는 것이다. 모든 인간의 경험은 결과이다. 그렇다면 우리가 그 원인을 확인할 수 있다면, 그리고 그 원인을 우리가 의식적으로 제어할 수 있다는 사실을 알게 되면, 그 결과 혹은 경험 또한 우리의 통제안에 있게 된다.

03

그렇게 되면 인간의 경험은 더는 운명의 장난감이 아닐 것이다. 인간의 삶은 운이 아니라 자신이 개척하는 운명에 의해 결정될 것이다. 운명과 운은 마치 선장이 배를 조종하듯이, 기관사가 기차를 조종하듯이,

쉽게 통제할 수 있게 될 것이다.

04

모든 사물은 동일한 원소로 분해될 수 있게 되었고, 그로 인해 서로 변환할 수 있게 되었기에, 항상 서로 관계를 유지해야 하고 대립해서는 안 된다.

05

물질세계에는 수없이 많은 대립이 있고, 편의상 이들에게 고유의 이름을 붙여서 부른다. 모든 것에는 크기, 색상, 밝기, 쓰임새가 있다. 북극과 남극이 있고, 안과 밖이 있으며, 보이는 것과 보이지 않는 것이 있지만, 이런 표현법은 극단의 것들을 대립시켜 보여줄 뿐이다.

06

이것들은 한 대상의 두 가지 다른 부분에 붙여진 이름이다. 이 두 극단은 서로 연관되어 있다. 그들은 분리된 독립체들이 아니라, 전체의 두 부분 혹은 두 측면일 뿐이다.

07

정신세계에서도 같은 법칙을 찾아볼 수 있다. 우리는 지식과 무지에 관해서 이야기하곤 하지만, 무지는 지식이 부족한 상태일 뿐이고 따라서 지식이 부재한 상태를 표현하는 용어일 뿐이다. 그 자체는 아무 원칙도 없다.

08

도덕의 세계에서도 같은 법칙을 찾아볼 수 있다. 우리는 선과 악에 관해서 이야기한다. 하지만 선이 손에 잡히는 현실이지만, 악은 선의 부재, 곧 반대되는 상태일 뿐이다. 악은 가끔 매우 현실적인 상태로 생각되기도 하지만, 그 자체로는 아무런 원칙도, 활력도, 생명력도 없다. 악은 언제나 선에 의해 파괴될 수 있다. 진리가 오류를 파괴하고 빛이 어둠을 파괴하듯, 선이 나타나면 악은 사라진다. 그러므로 도덕의 세계에는 하나의 원칙만이 존재한다고 할 수 있다.

09

영적인 세계에서도 정확히 동일한 법칙이 적용된다. 우리는 정신과 물질이 두 개의 분리된 개체인 양 이야기하지만 좀 더 명확히 살펴보면 여기에는 하나의 작동 원리만이 존재하며 그것은 정신이라는 것을 알게 된다.

10

정신은 실재하는 것이며 영원하다. 물질은 끊임없이 변화한다. 영겁의 시간에서 백 년은 하루와 같다. 우리가 대도시 한가운데에 서서 수없이 많은 크고 웅장한 빌딩과 다양한 현대식 자동차들, 핸드폰, 전깃불, 그리고 다른 현대 문명의 이기들을 가만히 바라보고 있노라면, 그들 중 어떤 것도 백 년 전에 그곳에 존재했던 것은 없다는 것을 알게 된다. 그리고 백 년 후에 같은 자리에 섰을 때, 아마도 거기에 남아있는 것은 거의 없을 것이다.

11

동물의 세계에서도 같은 변화의 법칙을 발견할 수 있다. 수백만 마리의 동물들이 수년의 생명을 주기로 태어났다 죽는다. 식물의 세계에서는 변화가 더 빨리 일어난다. 많은 식물과 거의 모든 종류의 풀들이 한 해를 주기로 왔다가 간다. 무기물의 세계를 보게 되면, 더 견고한 무언가를 찾으리라 기대하지만, 겉으로 보기에 단단해 보이는 땅을 보고 있노라면 그것이 바다로부터 솟아올랐다는 사실을 알게 된다. 거대한 산을 보고 있노라면 그것이 서 있는 자리가 한때는 호수였다는 사실을 알게 된다. 요세미티 계곡의 험난한 절벽 앞에서 경이로움을 느끼며 서 있을 때도, 눈앞에 있는 모든 것들을 움직였던 빙하의 흔적을 어렵지 않게 찾을 수 있다.

12

우리는 끊임없는 변화 속에 살고 있다. 그리고 이 변화가 보편적 정신이 진화하는 현상일 뿐임을 알고 있다. 만물이 끊임없이 재창조되는 웅대한 과정 말이다. 물질은 정신이 형태로 드러난 것일 뿐이고, 따라서 하나의 현상일 뿐임을 알고 있다. 물질에는 원칙이 없다. 정신이 유일한 원칙이다.

13

이제 우리는 정신이 유일한 원칙이며, 육체적, 정신적, 도덕적, 영적 세계에서 작용함을 알게 되었다.

14

이 정신은 정지되어 있고, 휴식 상태에 있음을 안다. 개인의 사고력은 보편적 정신에 따라 행동하고 그것을 역동적 정신, 혹은 움직이는 정신으로 바꾸는 능력이라는 점도 안다.

15

이렇게 하기 위해서는 음식이라는 원료가 주입되어야 한다. 사람은 먹지 않고 생각할 수 없으며, 그렇기에 생각과 같은 영적인 활동이라 할지라도 물질적 수단을 활용하지 않고는 즐거움이나 이윤의 근원으로 바꿀 수 없다.

16

전기를 모아서 동력으로 바꾸려면 에너지가 필요하고, 식물의 생명을 유지하기 위해서는 햇살이 비쳐서 에너지를 공급해야 하듯이, 개인이 생각하고 보편적 정신에 따라서 행동하기 위해서는 음식이라는 에너지가 필요하다.

17

생각이 지속적이고 영속적으로 형태를 취하며, 외부로 드러나길 원한다는 사실을 알고 있거나 모를지도 모르겠다. 하지만 변하지 않는 사실은, 당신이 능력 있고 건설적이며 긍정적인 생각을 한다면 당신의 건강과 사업, 환경의 상태에서 그대로 드러나게 되어있다는 것이다. 만일 연약하고 비판적이며 파괴적이고 부정적인 생각을 주로 하고 있다면 당신의 몸에서 두려움, 걱정, 긴장감으로, 재정 상태에서 결핍과 한계로, 주변 환경에서 불화로 드러날 것이다.

18

모든 부는 능력의 소산이다. 소유는 힘을 갖게 해줄 때만 가치가 있다. 사건은 힘에 영향을 미칠 때만 중요성을 지닌다. 모든 사물은 힘의 형태와 정도를 나타낸다.

19

증기, 전기, 화학적 친화성, 중력을 다스리는 법칙에서 볼 수 있듯이, 원인과 결과에 대한 지식 덕분에 인간은 담대하게 계획하고 두려움 없이 실행할 수 있게 되었다. 이러한 법칙은 물질세계를 다스리기에 자연법칙이라 불린다. 하지만 모든 힘이 물리적 힘을 의미하지는 않는다. 정신적 힘도 있고, 도덕적, 영적 힘도 있다.

20

학교와 대학이 정신적 능력을 계발하는 마음의 발전소가 아니라면 무엇이겠는가?

21

거대한 기계를 움직일 에너지를 얻을 발전소가 많이 있고, 여기에서 원자재가 모여서 생필품으로 만들어지듯이, 마음의 발전소도 원재료를 모으고 가꾸어서 자연의 모든 경이로운 힘보다 훨씬 더 월등한 힘으로 발전시킨다.

22

전 세계에 널린 수천 개의 마음의 발전소에 모여서 다른 힘들을 제어하는 힘으로 발전되는 이 원재료는 무엇인가? 그것이 정적인 형태라면 정신이라 불리며, 동적인 형태라면 생각이라 불린다.

23

이 능력이 우월한 이유는 이것이 고차원적 영역에 존재하며, 이 능력으로 인해 인간이 자연의 놀라운 힘을 활용해서 수십만 명의 사람들이 할 일을 해낼 수 있는 법칙을 발견할 수 있었기 때문이다. 이 능력 덕분에 인간은 시공간의 한계를 없애고 중력의 법칙을 극복할 수 있는 법칙을 발견했다.

24

생각은 생명력 있는 힘이자 에너지로 계속 발전되고 있으며, 생각으로 인해 지난 반세기 동안, 25~50년 전에는 상상조차 할 수 없었던 세상을 만들어 내는 놀라운 결과를 이룰 수 있었다. 50년 동안 마음의 발전소를 가동함으로써 그런 결과를 얻을 수 있었다면, 앞으로의 50년 동안 이루지 못할 일이 무엇이겠는가?

25

만물이 창조되는 원료는 무한히 많다. 우리는 빛이 초당 약 30만 킬로미터의 속도로 움직이고, 너무 멀리 있어서 그 빛이 우리에게 닿으려면 2천 년이나 걸리는 별도 있으며, 그런 별들이 우주에 널려있다는 것을 알고 있다. 또한 이 빛은 파장으로 오기에 이 파장이 타고 이동하는 대기ether가 연속적이지 않다면 빛이 우리에게 도달할 수 없음도 알고 있다. 그러기에 이 대기라는 원료이자 원재료는 온 우주에 존재한다는 결론에 이르게 된다.

26

그렇다면 이것은 어떻게 형태로 드러나게 되는가? 전기 과학에서, 배터리는 아연과 구리의 양극을 연결함으로써 만들어지며, 이때 전류가 한쪽에서 다른 쪽으로 흘러가게 되고, 에너지가 공급되게 된다. 이와 같은 과정은 극성polarity을 가진 모든 것에서 반복될 수 있다. 모든 형태는 진동수와 그에 따른 원자들 간의 관계 때문에 좌우되므로, 우리가 외형을 바꾸고 싶다면 극성을 바꾸어야 한다. 이것이 인과관계의 법칙이다.

27

이번 장의 훈련을 위해 집중하라. 여기서 집중이라는 말의 의미는 그 단어 자체가 의미하는 모든 것을 말한다. 생각의 대상에 완전히 빠져들어서 다른 것은 의식하지 못하는 상태가 되어라. 그리고 하루에 몇 분씩 이를 반복하라. 몸에 영양분을 공급하기 위해 시간을 들여 먹듯이, 정신의 양식을 먹기 위해 시간을 들여보면 어떻겠는가?

28

외형은 믿을 수 없다는 사실을 깊이 생각하라. 지구는 평평하지 않으며 멈춰있지도 않는다. 하늘은 둥근 돔이 아니며, 태양은 움직이지 않고, 별들은 작은 빛의 점이 아니며, 한때 고정적이라고 간주하던 물질은 끝없이 움직이는 상태에 있다.

29

빠르게 증가하고 있는, 불변의 원칙에 관한 지식에 생각과 행동양식을 맞추어야 할 날이 빠르게 다가오고 있음을 깨달아라.

일관성 있고 깊이, 명확하게 생각하는 능력은 실수와 잘못, 미신, 비과학적 이론, 비이성적 믿음, 방자한 열정과 광신에게는 명백하고도 치명적인 천적이 된다.

해덕

질문과 대답

▶ 양극은 어떻게 대조를 이루게 되는가?
 안과 밖, 위와 바닥, 빛과 어둠, 선과 악처럼 고유한 이름으로 지칭된다.

▶ 이들은 분리된 독립체인가?
 아니다, 전체 중 일부 혹은 일면일 뿐이다.

▶ 신체적, 정신적, 영적 세계에서 유일한 창조 원리는 무엇인가?
 만물의 근원인 보편적 정신, 혹은 영원한 에너지

▶ 우리는 이 창조 원리에 어떻게 연결되는가?
 생각하는 능력을 통해

▶ 이 창조 원리는 어떻게 작동되는가?
 생각이 씨앗이 되어서 행동을 낳고 행동은 형태를 낳는다.

▶ 형태는 무엇에 따라 달라지는가?
 진동수에 따라.

▸ 진동수는 어떻게 달라질 수 있는가?
정신 작용으로.

▸ 정신 작용은 무엇에 따라 달라지는가?
개인과 보편적 존재 사이의 작용과 반작용, 즉 극성에 의해서 달라진다.

▸ 창조의 에너지는 개인과 보편적 존재 중 어디에서 나오는가?
보편적 존재에게서 나온다. 하지만 이 보편성은 개인을 통해서만 드러날 수 있다.

▸ 각 사람이 필요한 이유는 무엇인가?
보편적 존재는 정지되어 있고 움직이기 위해서 에너지가 필요하다. 음식을 공급하면 이 음식이 에너지가 되고, 그로 인해 각 사람은 생각할수 있게 된다. 먹지 않으면 생각도 할 수 없다. 그럴 때 더는 보편적 정신에 따라 행동할 수도 없다. 그 결과, 더는 작용과 반작용도 없게 된다. 이렇게 되면, 보편적 정신은 정지된 형태의 순수한 정신, 곧 휴식 상태의 정신이 된다.

PART 20

악의 근원에 대한 논의는 지난 수년간 끊임없이 지속되어져 왔다. 신학자들은 하나님이 사랑이며, 하나님은 무소 부재한 존재라고 이야기해 왔다. 이것이 사실이라면, 하나님이 부재하는 곳은 없다는 의미가 된다. 그렇다면 악, 사탄, 지옥은 어디에 있는가? 살펴보도록 하자:

하나님은 영이다.

영은 우주의 창조 원리이다. 인간은 하나님의 형상을 따라 만들어졌다. 그러므로 인간은 영적인 존재이다.

영이 행하는 유일한 활동은 생각하는 능력이다.

외형의 파괴 역시 사고 과정의 결과이다.

허구적인 형태는 창조적 사고능력의 결과로 나타나며, 최면술로 나타난다.

피상적인 형태는 창조적 사고능력의 결과로 나타나며, 유심론으로 나타난다.

발명하고, 조직하고, 건설적인 일을 하는 것은 창조적 사고능력의 결과이며, 집중력으로 나타난다.

창조적 사고능력이 인류의 이익을 위해 발휘되었을 때, 이를 선good이라 부른다.

창조적 사고능력이 파괴적이고 악한 방식으로 표출되었을 때, 그 결과를 악evil이라 부른다.

이로써 선과 악의 근원이 설명된다. 그것은 창조적 사고 과정의 결과가 어떤 속성을 지니는지 나타내기 위해 만들어진 용어일 뿐이다.

생각은 반드시 행동보다 앞서며 행동을 결정한다. 행동은 조건에 선행하며 조건을 결정한다.

제20부에서는 이 중요한 수제에 좀 더 관심을 조명해 볼 것이다.

01

어떤 사물의 영혼은 사물 그 자체이다. 그것은 고정되어 있고, 불변하며, 영원하다. 당신의 영혼은 당신의 존재이다. 영혼이 없다면 당신은 아무것도 아니다. 당신이 영혼과 그 가능성을 인식할 때 영혼은 활동하게 된다.

02

기독교에서는 당신이 모든 부를 가졌더라도 그것을 알고 사용하지 않으면 가치가 없다고 말한다. 영적인 부도 마찬가지이다. 그것을 알고 사용하지 않으면 아무 가치가 없다. 영적인 능력을 결정하는 단 하나의 조건은 그것을 인식하고 사용하는 것이다.

03

인식할 때 모든 위대한 일들이 이루어질 수 있다. 최고의 능력은 의식이고, 생각은 그것을 전달하는 사자使者이며, 이 사자는 내부세계의 실상들을 끊임없이 외부 세계의 조건과 환경으로 빚어내고 있다.

04

생각은 삶에서 진정으로 중요한 일이며, 그 결과로 능력을 얻게 된다. 당신은 끊임없이 생각과 의식의 신비로운 능력을 사용하고 있다. 당신이 다스릴 수 있는 능력에 대해 전혀 모르는 상태로 지낸다면 어떤 결과를 기대할 수 있겠는가?

05

이렇게 무지한 상태로 지낸다면, 당신은 스스로를 피상적 상태에 머무르게 하는 것이며, 생각하는 사람들, 즉 그 스스로의 능력을 아는 사람들에게는 짐이 될 것이다. 이들은 생각하지 않으면 일을 해야 한다는 것과 생각하지 않을수록 더 많이 일해야 하며 일에 대한 소득도 줄어든다는 것을 알고 있다.

06

능력을 얻는 비밀은 정신의 원칙과 힘, 방법, 조합들을 완벽하게 이해하고, 우리와 보편적 정신과의 관계를 완벽하게 이해하는 것이다. 이 원칙이 변할 수 없는 것이라는 점을 기억하라. 변한다면 믿을 수 없을 것이다. 모든 원칙은 변하지 않는 것이다.

07

이 안정성이 당신에게 기회가 된다. 당신은 보편적 정신의 속성을 드러내고 그것이 활동하는 통로가 된다. 보편적 존재는 개인을 통해서만 활동할 수 있다.

08

우주의 본질이 당신 속에 있으며 당신 자신임을 깨닫기 시작할 때, 당신은 일하기 시작할 것이다. 당신의 능력을 느끼기 시작할 것이다. 그것은 연료가 되어 상상력에 불을 붙인다. 영감의 횃불을 밝힐 것이다. 생각에 생명력을 불어넣을 것이다. 우주의 보이지 않는 모든 힘과 연결해준다. 이 힘으로 인해, 당신은 담대하게 계획하고 능숙하게 실행할 수 있게 된다.

09

하지만 깨달음은 고요함 속에서만 찾아온다. 이는 모든 위대한 목표를 이루기 위한 조건이다. 당신은 시각화하는 존재이다. 상상력이 당신의 작업실이다. 여기에서 당신의 이상이 시각화된다.

10

이 능력에 대해 완벽히 이해하는 것이 그것을 현실화하는 데 가장 중요한 조건이므로, 이 방법 전체를 반복해서 영상화해서 필요한 상황에서는 언제든지 사용할 수 있도록 하라. 전능한 보편적 정신으로부터 오는 영감을 필요할 때 언제나 얻을 방법을 알면 무한한 지혜가 따라온다.

11

이 내면의 세계를 발견하지 못하고 우리의 의식에서 제외할 수 있다. 하지만 그것은 여전히 모든 존재의 기본적 사실이다. 그리고 우리가 그것을 우리 자신뿐 아니라 모든 사람, 사건, 사물, 상황 속에서 발견할 때, 우리 "안within"에 있다고 말하는 "하나님의 나라Kingdom of heaven"을 발견하게 될 것이다.

12

실패도 똑같은 원칙이 작용한 결과이다. 원칙은 변하지 않으며, 정확히 작용하고, 절대 벗어남이 없다. 결핍, 한계, 조화를 생각한다면 우리는 모든 면에서 그 열매를 보게 될 것이다. 가난, 불행, 질병을 생각한다면, 생각의 사자使者는 다른 생각의 경우와 마찬가지로 즉시 일을 실행할 것이고 결과는 확실할 것이다. 재앙이 다가올까 두려워한다면, 욥처럼 "내가 두려워하는 그것이 내게 임하였다."라고 말할 것이다. 무정하고 무지하게 생각한다면 이 무지의 결과를 우리에게 끌어당기게 될 것이다.

13

생각의 힘을 잘 이해하고 올바르게 사용한다면 이제까지 꿈꿔온 최고의 노동 절감 장치가 될 수 있다. 하지만 잘 이해하지 못하고 부적절하게 사용한다면, 그 결과는 우리가 이미 본 바와 같이 처참할 것이다. 이 능력 덕분에 당신은 불가능해 보이는 일도 자신감을 가지고 할 수 있다. 이 능력은 모든 영감과 모든 천재성의 비결이기 때문이다.

14

영감을 얻는다는 것은 이제까지의 방식에서 벗어나고 틀에서 벗어난다는 것을 의미한다. 비범한 결과는 비범한 수단을 통해서 나오기 때문이다. 만물이 하나라는 사실과 모든 능력의 근원이 내면이라는 점을 알게 될 때, 우리는 영감의 근원을 찾은 것이나 다름없다.

15

영감은 흡수의 기술, 곧 자아실현의 기술이다. 우리의 정신을 보편적

261

정신에 맞추는 기술이다. 모든 능력의 근원에 적절한 메커니즘을 부여하는 기술이다. 무형의 것을 유형의 것으로 바꾸는 기술이다. 무한한 지혜가 흘러가는 통로가 되는 기술이다. 완벽함을 시각화하는 기술이다. 전능자의 무소 부재함을 깨닫는 기술이다.

16

무한한 능력이 어디에나 존재하며 그러기에 무한히 작은 것이나 무한히 큰 것 모두에게 이 능력이 있다는 사실을 이해하고 인정하면, 그 정수를 흡수할 수 있게 된다. 나아가 이 힘이 영이며 그렇기에 눈에 보이지 않는다는 사실을 알게 되면 그것이 언제나 모든 시점에 존재함을 느낄 수 있게 된다.

17

이러한 사실들을 처음에는 머리로, 다음에는 가슴으로 이해하게 되면 무한한 능력의 바다에서 깊이 들이킬 수 있게 된다. 머리로만 이해하는 것은 도움이 되지 않는다. 감정이 작용해야 한다. 감정 없는 생각은 차갑기 때문이다. 생각과 감정이 결합하여야 한다.

18

영감은 내면으로부터 온다. 고요함은 필수적이며, 감각을 잠잠케 하고, 근육을 이완시키며, 평정을 유지해야 한다. 이렇게 침착함과 힘을 느끼게 될 때, 목적을 이루는 데 필요한 정보나 영감, 혹은 지혜를 습득할 준비가 될 것이다.

19

이 방법을 예지력과 혼동하지 말라. 그 둘은 공통점이 없다. 영감은 받아들이는 기술이고 삶의 좋은 것들에 도움이 된다. 당신이 해야 할 것은 이 눈에 보이지 않는 힘이 당신에게 명령하고 지배하도록 내버려 두지 말고, 그것을 이해하고 다스리는 일이다. 힘은 복종을 내포하고, 영감은 힘을 내포한다. 영감의 방법을 이해하고 적용하는 것은 슈퍼맨이 되는 것과 같다.

20

우리는 숨 쉴 때마다 더 풍요롭게 살 수 있다. 만일 그런 의도를 가지고 의식적으로 숨을 쉰다면 말이다. 의도에 따라 집중이 결정되고, 집중하지 않으면 남들이 얻는 만큼의 결과만 얻을 수 있기에, 여기서 "만일^{IF}"은 여기서 매우 중요한 조건이다. 달리 말해, 공급은 수요에 따라 달라진다.

21

공급을 늘리기 위해서는 수요가 늘어야 한다. 의식적으로 수요를 늘리면 공급은 따라서 늘어날 것이다. 그렇게 되면 당신은 점점 더 많은 생명과 에너지, 활력을 공급받게 될 것이다.

22

그 이유를 이해하기는 어렵지 않지만, 이 중요한 삶의 신비를 이해하는 사람들은 많지 않은 듯하다. 이것을 이해하면 당신은 삶의 위대한 진실 중 하나를 발견하게 될 것이다.

23

"우리가 그를 힘입어 살며 기동하며 존재하느니라."라고 배웠다. 또한 "그^{He}"는 영이며 또한 "그^{He}"는 사랑이라고 배웠다. 따라서 우리가 숨을 쉴 때마다 우리는 이 생명과 사랑, 영을 숨 쉬는 것이다. 이것이 프라나 에너지$^{Pranic Energy}$, 혹은 프라나 에테르$^{Pranic Ether}$이며, 우리는 한순간도 이것 없이는 살 수 없다. 이것은 우주의 에너지이며, 태양신경총$^{Solar Plexus}$의 생명이다.

24

숨 쉴 때마다 우리의 폐를 공기를 채움과 동시에 우리의 몸을 생명 그 자체라 할 수 있는 이 프라나 에테르로 활력 있게 만든다. 그 결과 우리는 모든 생명과 모든 지능, 모든 원료와 의식적으로 연결될 기회를 얻는다.

25

당신이 우주를 다스리는 이 원칙과 관계를 맺고 있으며 하나라는 사실을 알고, 의식적으로 우주와 일체감을 가질 수 있는 간단한 방법을 알면, 질병과 결핍, 한계로부터 자유로워질 수 있는 법칙을 과학적으로 이해할 수 있게 된다. 실제로 이를 통해 "생명의 숨"을 쉴 수 있게 된다.

26

이 "생명의 숨"은 초의식적인 실체이다. 이는 "나$^{I am}$"의 정수이다. 이것은 순수한 "존재^{Being}"이자 보편적 원료로, 우리가 그것과 의식적으로 하나가 될 때 발견하게 된다. 이때 창조에너지의 능력을 발휘할 수 있게 된다.

27

생각은 창조하는 진동이고, 그로 인해 만들어지는 조건의 질은 우리 생각의 질에 따라 달라진다. 소유하지 않은 힘을 표현할 수는 없기 때문이다. 우리는 어떤 "존재"가 되어야만 무언가를 "할 수" 있고, 우리가 "누구인가"에 한해서만 무언가를 "할 수" 있다. 따라서 우리가 행하는 것은 필연적으로 우리의 "존재"와 일치할 수밖에 없고, 우리의 존재는 우리의 "생각"에 따라서 달라진다.

우리가 생각할 때마다 인과관계의 기차를 출발시켜서 상황을 만들어 내는데, 이 상황은 그것을 유발시킨 생각의 질에 엄격히 부합하는 것이다. 보편적 정신과 조화를 이루는 생각은 그에 따른 조건을 만들어 낸다. 파괴적이거나 부조화스런 생각도 그에 따른 결과를 초래한다. 생각을 건설적으로 사용하든 파괴적으로 사용하든, 이 불변의 원칙은 당신이 심은 것이 아닌 다른 열매를 거두지는 못하게 할 것이다. 이 놀라운 창조 능력을 마음대로 사용할 수는 있지만, 그 결과에 대해서는 승복해야 한다.

28

이것이 이른바 "의지력^{Will Power}"이라고 하는 것의 위험한 점이다. 어떤 이들은 의지의 힘으로 이 법칙을 억지로 조종할 수 있다고 생각하는 듯하다. "의지력"에 의해서 한 종류의 씨앗을 심고도 다른 열매를 맺도록 할 수 있다는 것이다. 하지만 창조력의 근본적인 원리는 보편적 존재에게 달려있다. 따라서 개인의 의지력으로 우리 마음대로 상황이 따르도록 강제할 수 있다는 생각은 그릇된 개념이다. 잠깐은 성공하는 듯 보일지는 몰라도 마침내는 실패할 수밖에 없다. 왜냐하면 이는 이용하고자 하는 바로 그 힘에 정확히 반하는 행위이기 때문이다.

29

이는 개인이 우주에 강제력을 행사하고, 유한한 존재가 무한한 존재와 충돌하는 셈이 된다. 영원한 행복은 위대한 전체의 지속적인 약진에 의식적으로 협력할 때 가장 잘 보장될 수 있다.

30

이번 장에서의 훈련을 위해, 고요함 속으로 들어가 "우리가 그를 힘입어 살며 기동하며 존재하느니라."라는 말이 글자 그대로 과학적 사실이라는 사실에 집중해 보라. 그가 존재하기에 당신이 존재하고, 만일 그가 무소 부재하다면 당신 안에도 분명히 존재한다는 사실에 말이다. 그가 모든 것을 아우르는 완벽한 존재라면 당신도 그 안에 있다는 사실을. 그는 영이며 당신은 "그의 형상에 따라" 만들어졌고, 그의 영과 당신의 영 사이의 차이는 정도의 차이일 뿐이며, 부분은 전체와 종류와 특질에 있어서 같다는 점에 집중해 보라. 이를 분명히 깨달을 때, 생각의 창조력의 비밀을 발견할 것이고, 선과 악의 근원을 발견할 것이며, 집중력의 놀라운 능력의 비밀을 발견하고, 신체적, 금전적, 환경적 문제들을 푸는 해답의 열쇠를 발견할 것이다.

생각을 훈련하면 무한한 가능성이 열리게 되고 그 결과는 영원히 지속된다.
하지만 자기 생각을 스스로에게 이익이 되는 통로로 인도하는 노력을 기울이는
이들은 드물다. 그저 우연에 내맡길 뿐이다.

마든

질문과 대답

▸ 능력은 어떤 조건에 좌우되는가?
 인식과 사용

▸ 인식이란 무엇인가?
 의식

▸ 능력을 어떻게 의식할 수 있는가?
 생각을 통해

▸ 우리가 삶에서 해야 할 진정으로 중요한 일은 무엇인가?
 과학적으로 올바르게 생각하는 것

▸ 올바른 과학적 사고란 무엇인가?
 생각을 보편적 존재의 의지에 맞출 수 있는 능력. 다시 말해, 자연의 법
 칙에 협력하는 것.

▸ 어떻게 이렇게 할 수 있는가?
 정신의 원칙, 힘, 방법과 조합을 완벽하게 이해함으로써.

▶ 보편적 정신이란 무엇인가?

　모든 존재하는 것의 근본

▶ 모든 결핍과 한계, 질병과 부조화의 이유는 무엇인가?

　정확히 똑같은 법칙이 적용되기 때문이다. 법칙은 가차 없이 적용되며 끊임없이 조건들을 만들어 내는데, 이 조건들은 우리가 했던 생각에서 비롯된다.

▶ 영감이란 무엇인가?

　전지전능한 존재가 어디에나 존재함을 깨닫는 기술

▶ 우리가 마주 대하는 조건들은 무엇에 의해 좌우되는가?

　생각의 질에 좌우된다. 왜냐하면 우리의 행동은 우리가 어떤 존재인가에 좌우되고, 우리의 존재는 우리의 생각에 좌우되기 때문이다.

PART 21

　21부를 소개하게 되어 영광이다. 7번째 문단의 내용을 통해 당신은 성공의
비결, 승리를 끌어내는 방법, 위인들의 업적 중 하나는 위대한 생각을 하는 것
이라는 점을 알게 될 것이다. 8번째 문단을 통해, 우리가 일정 시간 동안 간직하
는 생각들은 우리의 잠재의식 속에 각인되어 창조의 힘이 우리의 삶과 환경 속
에 파도처럼 밀려드는 패턴을 이루게 된다는 점을 알게 될 것이다. 이것이 기도
의 능력을 끌어내는 놀라운 힘이다.

　우리는 세상이 법칙에 따라 움직이고, 모든 결과에는 원인이 있으며, 같은 원
인은 같은 조건에서 변함없이 같은 결과를 초래한다는 점을 알고 있다. 따라서
한번 응답한 기도는, 적절한 조건을 따른다면, 언제나 응답할 것이다. 이는 틀림
없는 사실이다. 그렇지 않다면 우주는 코스모스가 아닌 카오스 상태가 될 것이
다. 그러므로 기도 응답은 법칙에 따라 좌우되고, 이 법칙은 중력과 전기를 다
스리는 법칙만큼이나 분명하고 정확하며 과학적이다. 이 법칙을 이해할 때, 기
독교는 미신과 맹신의 영역을 벗어나 견고한 과학적 이해의 반석 위에 놓이게
된다. 하지만 안타깝게도, 기도의 올바른 방법을 아는 이들은 상대적으로 적은
듯 보인다. 그들은 전기와 수학, 화학을 다스리는 법칙이 있다는 점은 이해하지
만, 어떤 이유에서인지, 영적인 법칙이 존재하며 이 법칙 또한 분명하고 과학적
이며 정확하고 불변의 정확성을 띠며 작동한다는 사실을 전혀 알지 못한다.

01

힘의 진정한 비밀은 힘을 의식하는 데 있다. 보편적 정신은 조건을 초월한다. 그러므로 우리가 이 정신과 하나 됨을 의식할수록, 조건과 한계를 의식하지 않게 된다. 우리가 조건으로부터 해방되고 자유롭게 될 때, 조건을 초월하는 존재가 된다. 자유롭게 되는 것이다!

02

내면에 존재하는 고갈되지 않는 힘을 의식하는 순간, 우리는 이 힘을 끌어다가 적용해서 이 깨달음으로 인해 생긴 더 큰 가능성을 계발하기 시작한다. 우리가 의식하게 되는 것은 그것이 무엇이건 간에 반드시 외부 세계로 드러나서 실체로 나타나게 되기 때문이다.

03

그 이유는, 만물이 생성되는 근원인 무한의 정신^{the Infinite Mind}이 하나이고 분리될 수 없는 것이며, 각 개인은 이 영원한 에너지가 나타나는 통

로이기 때문이다. 우리가 생각하는 것은 외부 세계로 창조되고 만들어
진다.

04

이 발견의 결과는 기적이라고 할 만하며, 정신이 질적으로 뛰어나고,
양적으로 무한하며, 셀 수 없는 가능성을 내포하고 있음을 의미한다.
이 능력을 깨달으면 "전기가 흐르는 전선" 같은 존재가 된다. 일반적인
전선을 전기가 흐르는 전선에 연결하는 것 같은 효과가 나타난다는 것
이다. 보편적 정신은 전기가 흐르는 전선과 같다. 그것은 우리 삶에서
일어날 수 있는 모든 상황에 대처할 만큼 충분한 능력을 지니고 있다.
개인이 보편적 정신에 닿으면 필요한 모든 능력을 얻게 된다. 이것이
내면의 세계이다. 모든 과학이 이 세계의 실체를 인정하고 있으며, 모
든 능력은 우리가 이 세계를 인식하느냐에 달려있다.

05

불완전한 상황을 제거하는 능력은 정신 활동에 달려있으며, 정신 활
동은 능력을 인식하느냐에 달려있다. 그러므로 우리가 모든 능력의 근
원과 하나가 됨을 인식할수록 상황을 제어하고 다스릴 능력도 향상되
게 된다.

06

큰 생각들은 작은 생각들을 없애는 경향이 있으므로 모든 작고 바람
직하지 않은 경향들에 대항하거나 그것들을 파괴할 수 있을 만큼 큰 생
각들을 간직하는 편이 좋다. 이로 인해 당신의 길에서 하찮고 성가신
방해물들을 치울 수 있게 된다. 또 당신은 더 큰 생각의 세계를 의식하

게 되고, 그럼으로써 정신적 능력을 증가시키며, 가치 있는 것을 성취할 수 있는 지위에 다다르게 된다.

07

이것이 성공의 비결 가운데 하나이고, 승리를 이루어 내는 방법의 하나며, 위대한 인물의 업적 중 하나이다. 그는 큰 생각을 한다. 정신의 창조 에너지는 큰 문제를 다룰 때나 작은 문제를 다룰 때나 똑같이 어려움을 느낀다. 정신은 무한히 큰 것뿐 아니라 무한히 작은 것에도 똑같이 존재한다.

08

정신에 관한 이런 사실을 알게 되면, 의식 속에 상응하는 조건들을 만들어 냄으로써 어떤 조건들을 일으킬 수 있다는 것을 이해하게 된다. 왜냐하면 우리가 일정 시간 동안 간직하는 생각들은 우리의 잠재의식속에 각인되어, 창조의 힘이 우리의 삶과 환경 속에 파도처럼 밀려드는 패턴을 이루게 되기 때문이다.

09

이런 식으로 조건이 만들어지고, 우리는 우리의 삶이 우리가 하는 주된 생각들, 즉 정신 태도가 반영된 것일 뿐이라는 것을 깨닫게 된다. 그러므로 올바른 생각의 과학은 다른 모든 과학을 아우르는 과학임을 알수 있다.

10

이 과학을 통해서 우리는 모든 생각이 뇌에 각인되며, 이 각인된 내용이 정신적인 성향을 만들어 내며, 이러한 성향이 성격, 능력과 목표를 만들어 낸다는 것을 알게 되었다. 그리고 성격과 능력, 목표의 복합적으로 작용할 때 우리가 삶에서 겪는 경험들이 결정된다는 것을 알게 되었다.

11

이 경험들은 끌어당김의 법칙을 통해 우리에게 온다. 이 법칙의 작용으로 인해 우리는 외부 세계에서 우리의 내부세계에 상응하는 경험을 하게 되는 것이다.

12

우리가 주로 하는 생각, 즉 정신 태도는 자석과도 같고, "유유상종like attracts like"의 법칙이 작용한다. 따라서 우리의 정신 상태에 따라서 그에 상응하는 상황들이 끌어당겨 오게 되어있다.

13

이 정신 태도는 우리의 인격이며, 우리가 마음속에서 만든 생각들로 이루어진다. 그러므로 조건을 바꾸고 싶다면 생각을 바꾸기만 하면 된다. 이는 다시 정신 태도의 변화로 이어지고, 그로 인해 우리의 인격이 변할 것이며, 그로 인해 우리가 삶에서 맞닥뜨리는 사람, 일, 조건, 경험들이 바뀌게 될 것이다.

14

정신 태도를 바꾼다는 것은 쉬운 일이 아니지만, 끈질긴 노력을 통해 이룰 수 있다. 정신 태도는 뇌에 찍힌 정신의 사진들을 따라 만들어진다. 이 사진들이 맘에 들지 않는다면, 필름을 폐기하고 새로운 사진을 만들면 된다. 이것이 시각화의 기술이다.

15

이렇게 하자마자 당신은 새로운 일들을 끌어당기게 될 것이며, 그 새로운 일들은 새로운 사진에 상응하는 것들일 것이다. 이를 위해서 마음속에 현실화하고자 하는 소망에 관한 완벽한 사진을 각인시켜라. 그리고 그것이 결과로 나타날 때까지 그 사진을 마음에 품고 있어라.

16

당신의 이 소망이 결단, 능력, 재능, 용기, 힘, 혹은 다른 영직인 능력을 요구하는 것이라면, 이것들은 당신의 그림에 필수적인 요소들이니 채워 넣어라. 그것들은 그림에 생명력을 주는 것들이다. 이들은 감정으로, 이 감정이 생각과 합해져서, 당신이 필요로 하는 것들을 당신에게로 가져오는 거부할 수 없는 자석 같은 힘을 만들어 낸다. 이것들은 당신의 그림에 생명력을 주고, 생명은 성장을 의미하며, 자라기 시작하는 순간 그 결과는 실질적으로 보장된 것이나 다름없다.

17

시도하는 모든 일에 있어서 주저하지 말고 최고의 성취를 얻겠다는 포부를 가져라. 정신력은 가장 높은 열망을 행동과 성취, 사건으로 이루어 내려는 결의에 찬 의지에 대해서 언제나 스스로를 내어줄 준비가 되어있다. 정신력이 어떻게 작용하는지 알려면 습관이 형성되는 방법을 보면 된다. 우리가 어떤 일을 하고, 계속해서 반복하면, 그 일이 쉬워지고 거의 자동적으로 하게 된다. 나쁜 습관을 근절하는데도 같은 법칙이 적용된다. 어떤 일을 그만두고 계속해서 피하면, 그것으로부터 완전히 자유로워지게 된다. 가끔 실패한다고 해서 희망을 잃어서는 안 된다. 왜냐하면 법칙은 절대적이고 실패하는 법이 없어서 모든 노력과 성공을 믿어주기 때문이다. 비록 우리의 노력과 성공이 꾸준하지 못한다고 해도 말이다.

18

이 법칙을 통해 당신이 할 수 있는 것에는 한계가 없다. 당신의 이상을 대담하게 믿어라. 대자연은 이상에 따라 변하는 것임을 기억하라. 이상을 이미 성취된 사실처럼 여겨라.

19

진정한 삶의 싸움은 생각의 싸움이다. 이는 소수와 다수의 싸움이다. 한쪽에는 건설적이고 창조적인 생각이 있고, 다른 한쪽에는 파괴적이고 부정적인 생각이 있다. 창조적인 생각은 이상의 지배를 받고, 수동적인 생각은 외형의 지배를 받는다. 양쪽 모두에 과학자, 문인, 실무가들이 있다.

20

창조적인 쪽에 있는 사람들은, 실험실에서 현미경과 망원경을 들여다보면서 시간을 보내거나, 상업, 정치, 과학 세계를 장악하고 있는 사람들이다. 부정적인 쪽에 있는 사람들은, 법과 선례를 연구하고, 신학과 종교를 혼동하며, 힘을 정의로 착각하는 정치인이거나, 진보보다는 선례를 선호하는 수백만 명의 사람들이다. 이들은 언제나 앞보다는 뒤를 바라보며, 외부 세계만을 볼 뿐 내부세계에 대해서는 전혀 알지 못한다.

21

앞선 분석을 통해, 세상에는 두 부류만 존재함을 보았다. 누구나 둘 중 한 곳을 선택해야 한다. 전진하거나 후퇴해야 한다. 모든 것이 움직이는 세상에서 잠잠히 서 있을 수는 없다. 잠잠히 서 있으려 할 때 임의적이고 불공평한 법칙을 허용하고 그것에 힘을 실어주게 된다.

22

우리가 과도기를 살고 있다는 사실은 곳곳에서 일어나고 있는 소요를 보면 알 수 있다. 인류의 불만은 하늘의 대포 소리와도 같아서, 처음에는 낮고 위협적인 음조로 시작하지만, 점점 소리가 커져서, 그 소리가 구름과 구름 사이를 오가고 번개가 대지와 땅을 가를 정도가 된다.

23

산업과 정치, 종교 분야의 가장 발전한 전초기지를 지키는 보초들은 걱정스레 서로를 부르고 있다. 밤에는 어떠한가? 그들이 차지하고 있거나 차지하려 하는 자리는 매 순간 점점 더 위험하고 불안정해진다. 새 시대의 여명은 현재의 질서가 더는 유지될 수 없다고 선언한다.

24

사회 문제의 핵심이라 할 수 있는 낡은 체제와 새로운 체제 사이의 문제는 사람들이 세상의 본질에 대해 마음속에 확신하고 있는가에 전적으로 좌우된다. 그들이 각 사람의 내면에 우주의 영과 정신의 초월적 힘이 있다는 사실을 깨달으면, 소수의 특권보다는 다수의 자유와 권리를 생각하는 법을 만들어 낼 수 있을 것이다.

25

사람들이 우주의 힘을 비인간적이며 인류와는 동떨어진 것이라고 여기는 한, 특권층이라 불리는 이들이 모든 사회적 반감에도 불구하고 신성한 권리를 이용해서 통치하기는 쉬울 것이다. 그러므로 민주주의의 진정한 관심은 인간 영혼의 신성함을 드높이고 해방하고 인정하는 일이다. 모든 힘이 내면에 있음을 깨닫는 것이다. 자발적으로 양도된 권리가 아닌 이상, 어떤 사람도 다른 사람보다 더 많은 힘을 가지고 있지 않다는 것을 깨달아야 한다. 낡은 체제에서는 법이 법률 제정자보다 높은 위치에 있다고 믿도록 강요했다. 바로 이것이, 운명론적인 신탁주의 doctrine of Divine election 의 특권과 불평등, 제도화가 일으킨 사회적 범죄의 핵심이다.

26

신Divine Mind은 보편적 정신이다. 그는 예외를 두지 않으며 편애하지도 않는다. 단순한 변덕이나 분노, 질투, 격분 때문에 행동하지 않는다. 아부하거나 회유하거나 동정이나 호소로 인간의 행복이나 생존에 필요하다고 여기는 것을 공급하게 할 수도 없다. 신은 누군가를 편애해서 예외를 두지 않는다. 하지만 누군가가 보편적 원리와 하나 됨을 이해하고 깨달았을 때, 그에게 특권이 주어진 것처럼 보일 것이다. 왜냐하면 그가 건강과 부, 능력의 근원을 발견했을 테니 말이다.

27

이번 장의 훈련을 위해, 진리에 집중하라. 진리가 당신을 자유롭게 하리라는 사실, 다시 말해, 과학적으로 올바른 생각 방법과 원칙을 알게 되었을 때 당신의 완전한 성공에 영원히 방해될 수 있는 것은 없다는 사실을 깨닫도록 노력하라. 당신의 환경을 통해 당신에게 내재하는 영적 가능성을 실현하고 있다는 사실을 깨달아라. 침묵이야말로 가장 고차원적 진리를 깨울 무한한 가능성을 열어준다는 사실을 깨달아라. 전능한 존재 자체는 절대적으로 고요하며, 다른 모든 것들은 변화하고 움직이며 한계가 있다는 점을 이해하도록 하라. 고요한 상태로 집중을 유지하면 놀라운 내면의 잠재력에 도달하고 그 힘을 깨우며 표출할 수 있게 된다.

질문과 대답

▸ 능력의 참된 비결은 무엇인가?
능력을 깨닫는 것이다. 왜냐하면 우리가 인식하는 것은 무엇이든지 반드시 외부 세계로 드러나서 현실로 실현되기 때문이다.

▸ 이 능력의 근원은 무엇인가?
보편적 정신이며, 이는 만물이 소생하는 근원이며, 하나이고 분리될 수 없는 것이다.

▸ 이 능력은 어떻게 드러나는가?
개인을 통해서이다. 각 개인은 이 에너지가 각각 다른 형태로 나타나는 통로이다.

▸ 우리는 어떻게 이 전능한 존재와 연결될 수 있는가?
우리의 사고력은 이 보편적 에너지에 따라 행동하는 능력이다. 또한 우리가 생각하는 것은 외부 세계에서 만들어지게 된다.

▸ 이러한 발견은 어떤 결과를 낳는가?
전에 없이 무한한 기회의 문을 여는 기적적인 결과를 낳는다.

▸ 그렇다면 불완전한 조건들을 없애기 위해 어떻게 해야 하는가?
모든 능력의 근원과 하나 됨을 의식하면 된다.

▸ 위대한 인물들의 뚜렷한 특징은 무엇인가?
그들은 큰 생각을 하고, 모든 사소하고 성가신 장애물들에 대처하고 파
괴할 수 있을 만큼 큰 생각을 품는다.

▸ 경험은 어떻게 우리에게 오는가?
끌어당김의 법칙을 통해

▸ 이 법칙은 어떻게 작동되는가?
우리의 평소 마음가짐에 의해.

▸ 낡은 체제와 새로운 체제 사이의 문제점은 무엇인가?
세상의 본질에 대해 확신이 있는가 하는 점이다. 낡은 체제는 운명론적
인 신탁 주의를 고수하려 한다. 새로운 체제는 개인의 신성함, 즉 민주
주의를 인정한다.

22부에서 어러분은 생각이 영적인 씨앗이며, 이 씨앗이 잠재의식 속에 심어졌을 때 싹을 내고 자라게 되지만, 안타깝게도 그 열매가 항상 우리 마음에 드는 것은 아니라는 사실을 알게 될 것이다. 염증, 마비, 긴장, 그리고 전반적인 여러 가지 형태의 질병들은 공포, 근심, 걱정, 긴장, 질투, 증오 등의 생각들이 겉으로 드러난 증상이다. 생명을 유지하는 과정은 두 가지 각기 다른 방법으로 진행된다. 첫째는 세포를 구성하는 데 필수적인 물질을 흡수하고 사용하는 것, 두 번째는 분비물을 분해하고 배출하는 것이다.

모든 생명은 구성하고 파괴하는 작용들 때문에 유지된다. 음식과 물, 공기가 세포를 구성하는 데 필요한 유일한 것들이기에, 무한정으로 생명을 연장하는 문제가 그리 어려운 것이 아니라고 느낄 수 있다. 그런데 이상하게도, 아주 희귀한 경우를 제외하면, 질병을 유발하는 원인은 앞서 살펴본 두 번째의 파괴적인 작용이다. 분비물이 조직에 쌓이고 가득 차서 자가중독autointoxication을 일으키는 것이다. 이는 지협적일 수도, 전체적일 수도 있다. 첫 번째 경우에는 신체 일부에만 장애를 일으키지만, 두 번째의 경우 전체 시스템에 영향을 미치게 된다.

그렇다면 질병을 치유하는 데 있어 우리가 당면한 문제는 시스템 전체에 생명력을 흘려들기도 공급하는 일이다. 그렇게 하려면, 독성 있는 분비물을 배출하고 제거하는 작용을 주관하는 신경과 분비샘을 파괴하는 공포, 걱정, 근심, 긴장, 질투, 증오 등과 같은 파괴적인 생각들을 제거해야만 한다.

"영양가 있는 음식과 강화 강장제"가 생명을 부여하여 주지 않는다. 이들은 생명에 있어서 부차적인 것들이기 때문이다. 생명의 주된 징후와 어떻게 그것을 얻을 수 있는지에 대해서 앞으로 보여줄 22부에서 설명할 예정이다.

01

우리는 지식을 적용해서 원하는 미래를 이루어 갈 수 있기에 지식은 측정할 수 없는 귀한 가치를 지닌다. 우리의 현재 성격과 환경, 능력, 신체적 조건이 과거의 사고방식의 산물이라는 사실을 깨달을 때, 지식이 얼마나 가치 있는 것인지 알 수 있게 된다.

02

현재 건강 상태가 만족스럽지 않다면 우리의 사고방식을 살펴보자. 모든 생각은 정신에 각인된다는 것을 기억하자. 각인된 모든 것들은 씨앗이 되어 잠재의식 속에 떨어지고 하나의 경향을 형성하게 된다. 이는 비슷한 다른 생각들을 끌어당기는 경향이며, 우리가 알지 못하는 새 추수할 곡식이 되어 버린다.

03

우리의 생각들이 질병을 일으키는 세균을 포함한다면, 질병, 부패, 연약함, 실패 등을 추수하게 될 것이다. 그러므로 문제는, 우리가 무슨 생각을 하고 있으며, 무엇을 만들어 내고 있으며, 무엇을 추수하게 될 것인가 하는 것이다.

04

바뀌어야 할 신체 조건이 있다면 시각화의 법칙이 효과적일 것이다. 완벽한 신체 조건을 머릿속에 그리고, 의식 속에 흡수될 때까지 마음속에 간직하라. 많은 사람이 이 방법을 통해 몇 주내에 만성 질환을 제거했고, 수많은 사람이 이 방법으로 며칠 내에, 혹은 몇 분 만에 온갖 흔한 신체적 장애를 극복하거나 완전히 없애기도 했다.

05

진동의 법칙을 통해 정신이 신체를 다스릴 수 있다. 모든 정신적 작용은 진동이다. 그리고 모든 외형은 일종의 움직임, 즉 진동수에 지나지 않는다. 그러므로 진동은 그 즉시 몸의 모든 원자를 바꾸고, 모든 세포가 영향을 받게 된다. 그리고 모든 세포 그룹에서 전체적인 화학적 변화가 일어나게 된다.

06

세상의 모든 것은 진동수에 의해서 현재 상태에 이르게 되었다. 이 진동수를 바꾸면 속성과 특질, 외형이 바뀌게 된다. 자연의 거대한 파노라마는, 그것이 보이는 것이든 보이지 않는 것이든, 진동수의 변화로 끊임없이 변화하고 있다. 그리고 생각도 하나의 진동이기에 우리는 이 능력을 사용할 수 있다. 이 진동을 바꾸어서 원하는 신체 조건을 만들어 낼 수 있는 것이다.

07

우리는 모두 매 순간 이 능력을 사용하고 있다. 문제는, 우리 대부분은 이 능력을 무의식중에 사용하고 있으므로 바람직하지 못한 결과를 얻고 있다는 사실이다. 어떻게 이 능력을 지능적으로 사용해서 바람직한 결과를 얻을 것인가가 관건이다. 이는 어렵지 않다. 왜냐하면 우리는 모두 충분한 경험을 통해 어떤 것이 몸에 유쾌한 진동을 끌어내는지, 그리고 불쾌하고 거슬리는 느낌을 만들어 내는지 알고 있기 때문이다.

08

우리의 경험을 되돌아보고 배우면 된다. 우리 생각이 고양되고, 진취적이며, 건설적이고, 대담하고, 고상하고, 친절하고, 어떤 면에서든지 바람직하다면, 그에 걸맞은 결과를 가져오는 진동을 작동시키게 된다. 우리 생각이 질투, 증오, 시기, 비판, 혹은 온갖 불화의 형태로 가득 차 있다면, 앞선 경우와는 또 다른 속성을 지닌 결과를 가져올 진동이 작동된다. 그리고 각각의 진동수가 계속 유지된다면 외형으로 굳어지게 된다. 첫 번째 경우, 정신적, 도덕적, 신체적 건강이라는 결과로 나타날 것이고, 두 번째 경우에는 불화, 부조화, 질병 등의 결과로 나타나게 될 것이다.

09

그렇다면 이제 마음이 신체에 대해서 발휘하는 힘을 이해할 수 있게 된다.

10

객관심리objective mind는 신체에 영향을 미치며, 이는 쉽게 관찰할 수 있다. 어떤 사람이 말도 안 되는 농담을 해서 당신이 몸 전체를 흔들며 웃었다고 한다면, 이는 생각이 당신 몸의 근육을 제어한다는 사실을 보여준다. 어떤 사람이 동정심을 자극하는 이야기를 해서 당신의 눈에 눈물이 고였다면, 이는 생각이 당신 몸의 분비샘을 제어한다는 것을 보여준다. 어떤 사람이 당신을 화나게 하는 말을 해서 당신의 얼굴이 붉어졌다면, 이는 생각이 당신의 혈액순환을 제어한다는 사실을 보여준다. 하지만 이런 경험들은 당신의 객관심리의 활동이 신체에 영향을 미친 결과이며, 이는 일시적일 뿐이다. 이는 곧 사라질 것이며 이전의 상태로 돌아가게 된다.

11

잠재의식이 신체에 미치는 영향은 어떻게 다른지 살펴보자. 당신이 상처를 입었다고 하자. 수천 개의 세포가 곧바로 치유에 착수하고, 며칠 내, 혹은 몇 주 내에 작업은 완료된다. 뼈가 부러질 수도 있다. 지구상 어떤 의사도 부러진 뼈를 결합할 수는 없다.부목이나 다른 기구를 넣어서 뼈를 강화하거나 대체하는 경우는 제외하고 말이다. 의사가 뼈를 맞춰주면, 주관심리subjective mind가 즉시 부러진 부분들을 결합하기 시작할 것이다. 그리고 얼마 지나지 않아 뼈는 이전과 같이 튼튼하게 된다. 독을 삼킬 수도 있을 것이다. 주관심리는 즉시 위험을 알아차리고 독을 제거하기 위해 격렬한 노력을 할 것이다. 위험한 세균에 감염될 수도 있다. 주관심리는 즉시 감염된 부의 주변으로 벽을 쌓기 시작하고, 거기에 백혈구를 보내어 감염된 것을 흡수하게 할 것이다.

12

잠재의식의 이와 같은 작용은 보통 우리가 깨닫지 못하거나 지시하지 못하는 새에 일어나고, 우리가 방해하지 않는 한 완벽한 결과를 만들어 낸다. 하지만 수백만 개의 회복 세포가 모두 지능을 지니고 우리의 생각에 반응하므로, 우리가 공포나 의심, 불안의 생각을 가지게 되면 이 세포들은 마비되거나 기능을 못 하게 된다. 이는 마치 중요한 작업에 착수할 준비를 한 일꾼들이 일을 시작하려 할 때마다 파업에 들어가거나 계획이 변경되어서 마침내 의욕을 잃고 포기하게 되는 것과 같다.

13

건강에 이르는 길은 진동의 법칙에 따라 좌우된다. 이 법칙은 모든 과학의 기반이고, 정신, 즉 "내면세계"에 의해 작동된다. 이는 개인의 노력과 훈련에 달려있다. 우리의 능력은 내면세계에 있으며, 현명한 사람이라면 "외부 세계"에 드러나는 결과를 바꾸느라 시간과 노력을 낭비하지 않을 것이다. 그것들은 외형일 뿐이고 그림자일 뿐이기 때문이다.

14

언제나 원인은 "내면세계"에서 찾아야 한다. 원인을 바꿈으로써 결과를 바꾸게 된다.

15

당신 몸의 모든 세포는 지능을 지니고 있으며 당신의 지시에 반응할 것이다. 이 세포들은 창조자이며 당신이 보여주는 패턴대로 창조할 것이다.

16

그러므로, "주관의식^{잠재의식}"에 완벽한 심상이 떠오르게 되면, 창조적 에너지는 완벽한 신체를 만들어 낼 것이다.

17

뇌세포도 같은 방식으로 구성된다. 뇌의 기질은 정신 상태, 즉 마음가짐의 지배를 받는다. 따라서 바람직하지 않은 마음가짐이 잠재의식에 전달되면, 그것들은 다시 신체로 전달될 것이다. 따라서 우리 몸이 건강하고 튼튼하며 활력이 넘치길 바란다면, 그런 생각을 주로 해야 한다는 것을 알 수 있다.

18

신체의 모든 요소는 진동수의 결과로 만들어진 것임을 알 수 있다.

19

정신 작용은 진동수임을 알 수 있다.

20

더 높은 진동수가 낮은 진동수를 다스리고, 바꾸며, 제어하고, 변화시키거나, 파괴한다는 사실을 알고 있다.

21

마침내 우리는 진동수가 뇌세포의 특성에 지배받는다는 사실을 알게 되었다.

이 뇌세포를 만들어 내는 방법을 알고 있다.

이제 우리는 우리가 원하는 신체 변화를 만들어 내는 방법을 알고 있다. 그리고 이 정도 수준의 정신 능력에 대한 실질적인 지식을 확보하였기에, 전능한 자연법칙과 조화를 이룰 수 있는 우리의 능력에는 한계가 거의 없다는 사실을 알게 되었다.

정신이 신체에 영향을 미치고 다스린다는 사실은 점점 더 많은 사람에 의해 받아들여지고 있으며, 많은 의사가 이 문제에 특별한 관심을 기울이고 있다. 이 주제에 관해 다수의 책을 집필한 앨버트 T. 쇼필드 박사는 이렇게 말한다.

"심리치료라는 주제는 아직도 의료계에서 흔히 간과되고 있다. 생리학에서는 몸을 이로운 방향으로 지배하는 중심적인 힘에 대한 어떤 언급도 없으며, 정신이 몸을 지배한다는 점에 대해서도 언급된 바 없다."

물론 많은 의사가 기능이 문제가 되어 생기는 신경 질환들을 현명하고 잘 치료한다. 하지만 이들이 보이는 지식은 학교에서 배우거나 책에서 배운 것이 아닌, 직관적이고 경험에서 얻어진 것이라는 점이 우리의 논점이다.

26

이것은 옳지 않은 현상이다. 심리치료의 힘은 모든 의학계에서 조심스레, 특별히, 그리고 과학적으로 가르쳐야 할 분야이다. 잘못 치료되었거나 치료가 필요한 부분에 대해서 더 자세히 살펴봄으로써 간과된 케이스들의 처참한 결과들을 보여줄 수도 있을 것이다. 하지만 이 임무는 다른 이의 심기를 건드릴 수도 있는 일이다.

27

분명 자신이 스스로를 위해 얼마나 많은 것을 할 수 있는지 아는 환자들은 거의 드물다. 환자가 스스로를 위해 무엇을 할 수 있는지, 그가 작동시키는 힘이 무엇인지는 아직 알려지지 않았다. 그 힘이 대부분이 상상하는 것보다 훨씬 강력하고 분명 더 많이 사용될 것이라고 믿는 경향이 있다. 심리치료의 방법은, 환자 스스로가 흥분했을 때 기쁨과 소망, 믿음, 사랑 등의 감정을 불러일으킴으로써, 혹은 최선을 다할 동기를 부여함으로써, 혹은 규칙적으로 마음을 훈련하고 병으로부터 생각을 다른 곳으로 돌리는 등, 마음을 가라앉히는 방법으로 사용될 수 있다.

28

이번 장에서의 훈련을 위해 테니슨^{Tennyson}의 아름다운 시구에 집중해 보자.

"그대여, 그에게 말하라, 그가 들을 것이니, 또 영은 영과 만날 수 있나니, 그는 숨결보다 가깝고, 손과 발보다 더 가까이 있나니." 그리고 "그에게 말할"때, 전능자와 가까이하게 된다는 점을 깨달아라.

29

이 무소 부재한 능력을 깨닫고 인정하게 되면 곧바로 질병과 고통을 파괴하고 조화와 완전함으로 대체하게 된다. 질병과 고통이 하나님으로부터 온다고 생각하는 이들도 있다. 그렇다면, 모든 의사와 적십자 소속의 간호사들은 하나님의 뜻을 거역하는 것이 되고, 병원과 요양소도 자비의 집이 아닌 반역의 공간이 되어 버릴 것이다. 물론 이것은 어리석은 논리임이 금방 드러날 테지만, 많은 이들이 이런 생각을 고수하고 있다.

30

그렇다면 최근까지만 해도 신학은 불가해한 창조주를 가르치려 했다는 사실을 생각해보자. 죄를 지을 수 있는 능력이 있는 존재를 창조해놓고, 그런 죄로 인해 영원한 형벌에 처했다는 점 말이다. 물론 그런 엄청난 무지가 빚어낸 필연적인 결과는 사랑이 아닌 공포였다. 그 결과 2000년 동안 이런 식의 선동을 해온 신학계는 이제 기독교에 대해 바쁘게 변호하고 있다.

31

그렇다면 이제 당신은 이상적인 인간, 즉 하나님의 형상을 따라 만들어진 인간을 더 쉽게 인정할 수 있게 될 것이다. 그리고 만물을 형성하고, 유지하며, 발생시키고, 창조해내는 근원이 되는 정신을 더 쉽게 인정할 수 있게 될 것이다.

"모든 것은 거대한 전체 중 일부일 뿐이다. 자연은 그 몸이고, 하나님은 그 영혼이다."

통찰이 있으면 기회가 뒤따르고, 영감이 있으면 행동이 뒤따르며, 지식이 있으면 성장이 뒤따르고, 진보가 있으면 명성이 뒤따른다. 언제나 영적인 것이 선행하고, 그 뒤에 무한하고 제한할 수 없는 가능성으로 바뀌게 된다.

질문과 대답

▸ 질병은 어떻게 없앨 수 있는가?

전능한 자연법칙과 조화를 이루며 살아감으로써.

▸ 과정이란 무엇인가?

인간은 영적인 존재이며 이 영혼은 필연적으로 완벽할 수밖에 없다는
깨달음

▸ 그 결과는 무엇인가?

이 완벽함을 처음에는 지성을 통해, 그다음에는 감정적으로 인식하게
되면 그 완벽함을 외부로 표출하게 된다.

▸ 어째서 그렇게 되는가?

생각은 영적이고 따라서 창조적이며 그 대상과 연결되고 그것을 표출
하게 되므로.

▸ 이때 어떤 자연법칙이 작동하게 되는가?

진동의 법칙

▸ 어째서 이 법칙이 지배하는가?

높은 진동수가 낮은 진동수를 지배하고, 바꾸고, 제어하고, 변화시키거나 파괴하므로.

▶ 이 심리치료 체계는 널리 인정받고 있는가?
그렇다. 이 나라에서만 수백만 명의 사람들이 여러 가지 형태로 이를 사용하고 있다. 분명 전 세계적으로는 더 많은 사람들이 사용하고 있을 것이다.

▶ 이 사상 체계는 어떤 결과를 가져오는가?
역사상 처음으로, 온 세상에 급속도로 넘쳐나고 있는 입증 가능한 진리가 최고의 지성을 만족시키게 되었다.

▶ 이 체계를 다른 것을 얻는 데도 적용할 수 있는가?
이는 인간의 모든 요구와 필요에 부합할 수 있다.

▶ 이 체계는 과학적인가 혹은 종교적인가?
둘 다이다. 참된 과학과 참된 종교는 쌍둥이 자매 같아서, 하나가 가는 곳에 다른 하나도 따라간다.

P A R T 23

이제 소개하고자 하는 부분을 통해, 당신은 돈이 우리 삶의 바탕에 속속들이 스며들어 있음을 알게 될 것이다. 그리고 성공의 법칙은 봉사라는 것을 알게 될 것이다. 우리는 주는 것을 받게 되며, 이런 이유로 줄 수 있는 것을 큰 특권으로 여겨야 한다. 모든 건설적인 일에 있어서 생각은 창조적 행위임을 배웠다. 그러므로 우리가 줄 수 있는 것 중 생각처럼 실용적인 가치가 있는 것은 없다.

창조적인 생각은 주의력이 필요하다. 그리고 알다시피 주의력은 슈퍼맨의 무기나 다름없다. 주의력은 집중력을 길러주고, 집중력은 영적인 힘을 길러주며, 영적인 힘은 존재하는 가장 강력한 힘이다. 이는 다른 모든 과학을 포용하는 과학이라 할 수 있다. 이는 다른 모든 기술보다 더 인간의 삶에 관련성을 가지고 있는 기술이다. 이 과학과 기술에 숙달하면 끝없이 전진할 기회가 열리게 된다. 이를 완벽하게 습득하려면 6일이나 6주, 6개월의 시간으로도 모자란다. 그것은 평생에 걸친 노력이 될 것이다. 전진하지 않으면 후퇴하는 것이나 다름없다. 긍정적이고 건설적이며 이기적이지 않은 생각을 즐기는 것은 영원토록 광범위한 영향을 미칠 수밖에 없다. 보상은 세상에서 가장 중요한 법칙이다. 자연은 끊임없이 평형상태를 유지하고자 한다. 어떤 것을 내보내면 어떤 것을 받아야 한다. 그렇지 않으면 공백이 생기게 된다. 이 법칙을 준수할 때, 당신은 반드시 당신의 노력에 대해서 풍부한 이익을 얻게 될 것이다.

목표를 위해 미리 계획하고 질서정연하게 생각하면, 그 목표가 외형으로 드러나게 됨을 알게 되었다. 따라서 우리의 역동적인 실험의 결과를 절대적으로 확신할 수 있게 되었다.

프란시스 라리메르 워너

위대한 사상으로 정신에 영양분을 공급하라. 영웅이 될 수 있다고 믿어야 영웅이 될 수 있다.

디즈라엘리

01

금전 의식은 하나의 마음가짐이다. 이는 상업의 동맥으로 들어가는 열린 문과 같다. 이는 수용적인 태도이다. 욕망은 흐름을 움직이게 하는 끌어당기는 힘이고, 두려움은 이 흐름을 멈추게 하고 방향을 정반대로 바꾸어서 우리에게서 멀어지게 하는 커다란 장애물이다.

02

두려움은 금전 의식과 정반대이다. 그것은 빈곤 의식이다. 법칙은 변할 수 없기에 우리는 정확히 우리가 준 것을 얻게 된다. 두려워한다면 우리가 두려워한 것을 얻게 된다. 돈은 우리의 존재 자체에 속속들이 스며들어 있다. 최고 사상가들의 최고의 사상에 있어서도 돈이 관련되어 있다.

03

우리는 친구를 사귐으로써 돈을 벌고, 그들이 돈을 벌게 해주고, 도와주고, 그들을 위해 봉사함으로써 친구의 범위를 넓혀 나간다. 그렇다면 성공의 첫 번째 법칙은 봉사이다. 이것은 다시 정직과 정의에 기반하고 있다. 최소한 의도만이라도 공평하지 않은 사람은 무지한 사람이다. 그는 모든 상호 거래에서 근본적인 법칙을 놓치고 있다. 그는 성공할 가능성이 없다. 그는 반드시 그리고 분명히 실패할 것이다. 그는 모르고 있을 수도 있다. 자신이 성공하고 있다고 생각할지도 모르지만, 반드시 패배할 운명이다. 무한한 존재를 속일 수는 없다. 보상의 법칙이 그에게 눈에는 눈을, 이에는 이를 요구할 것이다.

04

인생의 기세는 변하는 것이다. 그것은 우리의 생각과 이상으로 만들어지며, 이것들이 다시 외형으로 드러난다. 우리가 해야 할 일은, 열린 마음을 가지고, 새로운 것을 향해 끊임없이 손을 내밀고, 기회를 인식하며, 목표보다는 경주 자체를 즐기는 것이다. 소유 자체보다는 그것을 추구하는 과정에서 즐거움을 느낄 수 있기 때문이다.

05

당신은 돈을 끌어당기는 자석이 될 수도 있지만, 그러기 위해서 우선 다른 이들을 위해서 돈을 벌 방법을 고민해 봐야 한다. 기회와 유리한 조건들을 감지하고 이용하며 가치를 알아보는 눈이 있다면 그것들을 이용할 수 있게 된다. 하지만 당신이 다른 이들을 도울 수 있을 때 가장 큰 성공이 찾아오게 된다. 한 사람을 이롭게 하는 것은 모든 이를 이롭게 한다.

06

관대한 생각은 힘이 있고 생명력이 있지만, 이기적인 생각은 파멸의 균을 내포한다. 그것은 분해되어 없어지게 된다. 막대한 부를 소유한 자산가들은 부를 분배하는 통로에 지나지 않는다. 막대한 금액이 오고 가지만, 나가는 부를 막는 일은 들어오는 부를 막는 그것만큼이나 위험하다. 양쪽 끝이 모두 열려 있어야 한다. 그리고 같은 이치로, 받는 것만큼이나 주는 것이 필수적임을 깨달을 때 우리도 성공을 이루게 될 것이다.

07

우리가 모든 공급의 원천인 전능한 힘을 깨닫게 되면, 우리의 의식을 그 공급에 맞추어서 필요한 것을 끊임없이 끌어당기게 되고, 우리가 주면 줄수록 더 받게 된다는 사실을 알게 될 것이다. 이런 점에서 주는 것은 봉사라 할 수 있다. 은행가는 돈을 주고, 상인은 상품을 주며, 작가는 생각을 주고, 노동자는 기술을 준다. 누구나 줄 수 있는 것이 있다. 줄수록 더 받게 되고, 받을수록 더 줄 수 있는 능력이 생긴다.

08

자본가들은 많이 베풀기 때문에 많이 번다. 그는 생각한다. 다른 이들이 자기 대신 생각을 하도록 놔두는 법은 거의 없다. 그는 결과를 확보할 방법을 알고 싶어 하고, 당신은 그에게 그 방법을 보여주어야 한다. 그렇게 할 수 있을 때, 그는 수백 혹은 수천 명이 이윤을 얻는 방법을 마련하게 될 것이고, 그들이 성공하는 만큼 비례해서 그 자신도 성공하게 될 것이다. 모건, 록펠러, 카네기 등은 다른 이들을 위해 돈을 손해 봤기에 부자가 된 것이 아니라, 오히려 그 반대로, 다른 이들을 위해서 돈을 벌었기 때문에 지구상 가장 부유한 국가에서 가장 부유한 사람들이 된 것이다.

09

평범한 사람들은 깊이 생각하지 않는다. 그저 타인의 생각을 받아들이고 앵무새처럼 반복한다. 이는 여론을 조성하는 방법에서 쉽게 찾아볼 수 있다. 소수의 타인이 자신의 사고를 대신하도록 맡겨버리는 대중들의 순응적인 태도로 인해, 많은 국가에서 소수의 사람이 모든 권력을 독차지하고 수백만의 사람들을 지배하에 둘 수 있는 것이다. 창조적 생각은 주의력이 있어야 한다.

10

주의력은 집중력이라고도 불린다. 이 능력은 의지에 달려있다. 따라서 우리는 소망하는 것 이외에는 생각하거나 집중을 기울이지 말아야 한다. 많은 이들이 슬픔, 손실, 불화 등에 끊임없이 집중한다. 생각의 창조력으로 인해, 이런 것들에 집중하면 자연히 더한 슬픔과 손실, 불화로 이어지게 된다. 그럴 수밖에 없지 않은가? 반면, 우리가 성공과 이들, 혹은 다른 바람직한 조건들을 맞게 되면, 자연스레 이들의 결과에 집중하게 되고 이로 인해 더 많은 그런 상황들을 만들어 내게 된다. 따라서 많이 가지고 있으면 더 많이 생기게 된다는 결론에 다다른다.

11

이 원칙이 비즈니스 세계에서 어떻게 적용될 수 있는가에 관해서 내 동료가 잘 설명한 바 있다.

12

영혼, 혹은 다른 무엇으로 부르든 간에, 그것은 의식의 정수, 정신의 핵심, 생각에 기저에 깔린 실체라고 보아야 한다. 모든 생각이 의식, 정신, 생각 활동의 단계를 이루므로, 궁극적 사실, 실체, 생각은 오직 영혼 안에서만 찾을 수 있다는 결론에 다다른다.

13

이 점을 인정한다면, 영혼에 대해 진정으로 인정하고 그것이 세상에 나타나는 법칙을 이해하는 것은 "실용적인" 사람이 바랄만한 가장 "실용적인" 일이 아니겠는가? 이 사실을 "실용적인" 사람이 깨닫기만 한다면, 그를 "열과 성을 다하여" 영적인 것과 법칙에 대한 지식을 얻을 수 있는 곳에 다다르고자 노력하지 않겠는가? 이들은 바보가 아니다. 그들은 이 근본적인 사실을 알기만 하면 모든 성공의 핵심이 있는 쪽으로 움직일 것이다.

14

구체적인 예시를 하나 들어보자. 시카고에 사는 지인 중에 내가 늘 물질적이라 여겨온 사람이 있다.

15

그는 인생에 걸쳐서 몇 번의 성공을 이루었고 몇 번의 실패도 경험했다. 내가 그와 마지막으로 대화를 나누었을 때, 그는 이전의 비즈니스 상태에 비하면 거의 "빈털터리" 상태였다. 그는 정말로 벼랑 끝에 선듯 보였다. 이미 나이는 중년에 들어선데다가, 그전에 비해 새로운 아이디어도 더디고 덜 자주 떠올랐기 때문이다.

16

그가 나에게 한 말의 핵심은 다음과 같다.

"사업에 있어서 성공하는 모든 것들이 생각의 결과라는 것을 알고 있습니다. 지금 당장은 저에게 생각이나 좋은 아이디어가 떠오르지 않습니다. 하지만, '모든 것이 마음에 달렸다.'라는 가르침이 옳다면, 각각의 사람들이 무한한 정신과 연결될 수 있을 것입니다. 그리고 그 무한한 정신 속에서 여러 좋은 아이디어를 찾을 수 있을 것이고, 저처럼 용기와 경험을 지닌 사람들은 이를 사업 세계에서 실용적으로 사용해서 큰 성공을 거둘 수 있을 것입니다. 좋아 보이네요. 연구해 보겠어요."

17

이것이 몇 년 전의 일이었다. 그리고 며칠 전, 이 사람에 관한 얘기를 다시 듣게 되었다. 나는 한 친구와 대화를 나누다가 이렇게 말했다.

"그 친구 어떻게 됐나? 다시 재기할 수 있었던가?"

친구는 믿을 수 없다는 눈으로 나를 바라보며 말했다.

"세상에, 그 친구 성공한 이야기 못 들었나? 그 친구 ○○회사의 핵심 간부야. 지난 18개월 동안 놀라운 성공을 거두고, 이제는 전국적으로 그리고 해외로도 광고하고 있어 잘 알려진 업체였다. 그의 아이디어 덕분에 그 업체가 성공했다더군. 세상에, 순이익이 50만 달러나 되고, 곧 100만 달러를 찍을 정도로 빠르게 성장 중이라더군. 이 모든 게 18개월 이내에 일어난 일이라네."

그 회사의 놀라운 성공에 대해서 알고 있었으면서도 나는 그 회사와 그 사람을 연관 지어 생각하지 못했다. 조사해보니 그 이야기는 사실이었고, 위에 언급된 사실들은 조금도 과장이 아니었다.

18

자, 어떻게 생각하는가? 나는 이 사람이 무한한 정신, 곧 영과 "직접적으로 연결"되었다고 생각한다. 그리고 무한한 정신을 발견한 그는 이를 통해 일했다. "무한한 정신을 자신의 사업에 사용"한 것이다.

19

이것이 신성모독이나 불경스럽게 들리는가? 그렇지 않길 바란다. 그런 의도는 없었으니 말이다. "무한한 존재^The Infinite"의 개념에서 인격화된 모습 혹은 확대된 인간 본성 같은 것을 없애보자. 그러면 무한한 힘의 존재라는 개념만이 남을 것이고, 이것의 정수는 의식^consciousness 이며, 곧 영^spirit 이다. 이 사람 또한 결국 영이 실체로 나타난 것으로 보아야 한다. 영으로서의 그가 자신의 근원과 조화를 이루어 그 능력을 조금이라도 드러낼 수 있게 된다는 생각에는 신성모독이라 불릴만한 점이 조금도 없다. 우리 또한 정도의 차이는 있지만, 창조적인 생각을 할 때 이렇게 하고 있다. 그는 더 노력해서 고도의 "실용적인" 방법으로 접근했을 뿐이다.

20

그가 어떤 방법으로 성공했는지 아직 의논해보지 못했지만, 기회가 닿는 대로 그럴 생각이다. 하지만 내 생각에, 그는 그가 필요하다고 느끼는 생각^성공의 씨앗이 되었던을 무한한 공급처에서 끌어다 썼을 뿐 아니라, 실현하려는 소망의 이상적인 패턴을 지어 나가는데도 생각의 창조적인 힘을 이용했다. 그럼으로써 대략적인 개요에서 시작해서 최종적인 세부 사항에 이르기까지, 때때로 소망의 세부 사항에 더하고 바꾸고 더 나아지게 만들었다. 이것이 사실이라고 확신한다. 내 기억 속에 있는 몇 년 전 대화에서뿐 아니라 창조적인 생각을 실현해 낸 다른 유명인들도 사실임을 발견했기 때문이다.

21

무한한 능력을 이용해서 물질세계에서 일하는 데 도움을 받는다는 아이디어에 주저하는 사람들은 이것을 기억하라. 무한한 존재가 그런 과정에 반대한다면 어떤 일도 일어날 수 없다. 무한한 존재는 스스로 돌볼 능력이 충분히 있다.

22

"영성 Spirituality"은 꽤 "실용적"이고, 매우 "실용적"이며, 극도로 "실용적"이다. 영은 실체이며 전체라고 한다. 물질은 영이 마음대로 창조하고, 바꾸고, 변형시킬 수 있는 것이다. 영성은 세상에서 가장 "실용적인" 것이다. 진정으로 그리고 전적으로 유일하게 "실용적"인 것이다.

23

이번 장에서는 인간이 영을 가진 몸이 아니라, 몸을 가진 영이라는 사실에 집중해 보자. 이런 이유로 그는 영적인 것이 아니면 어떤 것으로도 영원히 만족할 수 없다. 돈은 그가 바라는 조건을 만들어 내는 기능 외에는 아무런 가치가 없으며, 이러한 조건들은 반드시 조화로울 수밖에 없다. 조건들이 조화로우면 무엇이든 충분히 공급되게 마련이므로, 무언가 부족하다고 느낀다면, 돈의 핵심이 봉사임을 깨달아야 한다. 이 생각들이 실현되면 공급 통로가 열리게 되고, 영적인 방법이 전적으로 실용적이라는 사실에 만족하게 될 것이다.

방대한 토지는 유산으로 물려줄 수 있으나, 지식과 지혜의 유산은 물려줄 수가 없다.
부유한 자는 다른 이를 고용해서 자기 일을 대신하게 할 수는 있으나,
생각을 대신하게 하거나 자기 수양을 대신하게 하는 것은 불가능하다.

S. 스마일스

질문과 대답

▶ 성공의 첫 번째 법칙은 무엇인가?

봉사

▶ 우리가 가장 잘 봉사하는 방법은 무엇인가?

열린 마음을 가지고, 목표보다는 경주 자체에 더 관심을 두며, 소유물보다는 그것을 추구하는데 더 관심을 두는 것

▶ 이기적인 생각의 결과는 무엇인가?

파멸의 싹을 내포한다.

▶ 우리는 어떻게 가장 큰 성공을 이룰 수 있는가?

주는 것이 받는 것만큼이나 중요하다는 사실을 깨달음으로써

▶ 자본가들이 자주 큰 성공을 이루는 이유는 무엇인가?

스스로 생각하므로

▶ 모든 나라의 대중들이 소수에게 순응하고 기꺼이 그들에게 이용당하는 듯 보이는가?

소수가 그들 자신을 위해 생각하도록 내버려 두기 때문이다.

▶ 슬픔과 손실에 집중하면 어떤 결과가 생기는가?
  더 많은 슬픔과 손실이 온다.

▶ 이득에 집중하면 어떤 결과가 생기는가?
  더 큰 이득이 생긴다.

▶ 이 원칙이 비즈니스 세계에도 적용되는가?
  이것이 사용되어 온 유일한 원칙이고, 앞으로 사용될 유일한 원칙이며,
  다른 원칙은 없다. 이 원칙이 무의식중에 사용된다 해도 마찬가지이다.

▶ 이 원칙은 어떻게 실용적으로 적용할 수 있는가?
  성공이 결과이지 원인이 아님을 알고, 결과를 확보하고 싶다면 원인, 혹
  은 원인을 만들어 내는 아이디어나 생각을 알아내야 한다.

P A R T 24

이번 과정의 마지막 수업인 24부를 시작한다. 제안했던 바대로 각 장의 훈련 내용을 하루에 몇 분씩 연습해 왔다면, 인생에서 원하는 것을 정확히 이루려면 당신이 원하는 것을 먼저 인생에 주어야 한다는 점을 알게 되었을 것이다. 그리고 당신은 여느 한 사람이 다음과 같은 말에 동의할 것이다.

"생각 자체로는 너무 압도적이고 거대한 듯하지만, 또한 실현할 수 있고 분명하며 이성적이고 사용 가능한 것이다."

이 지식의 열매는 신들의 선물이다. "진리"가 인간을 자유롭게 한다. 이때 모든 결핍과 한계로부터 자유롭게 할 뿐 아니라, 슬픔, 걱정, 근심으로부터도 자유롭게 한다. 이 법칙이 사람을 상관하지 않으며, 당신의 사고 습관이 무엇이든 간에 길이 마련되어 있다는 사실이 놀랍지 않은가?

종교적 경향의 사람이라면, 세상의 가장 위대한 종교적 스승이 모두가 따를 수 있는 평범한 길을 예비해 놓았다. 물질과학에 편중된 사람이라면, 법칙은 수학적 정확성을 띠며 운행한다. 만일 당신이 철학적 경향의 사람이라면, 플라톤이나 에머슨이 당신의 스승이 될 수 있을 것이다. 어떤 경우이건 간에, 당신은 한계를 지을 수 없는 능력에 도달할 것이다. 이 원칙을 이해하게 되면 고대 연금술사들이 헛되이 찾아 헤매던 비밀을 발견하게 되리라 믿는다. 왜냐하면 이 원칙으로 인해 정신 속의 금덩이가 마음속과 손에 쥘 수 있는 금덩이로 바뀔 방법을 알게 되기 때문이다.

01

과학자들이 처음 태양이 태양계의 중심에 있고 지구가 그 주변을 돈다고 말했을 때, 사람들은 매우 놀라고 동요했다. 이 모든 생각은 분명 틀린 것처럼 보였다. 태양이 하늘을 가로질러 움직인다는 사실만큼 분명한 것도 없었다. 누구나 태양이 서쪽 언덕으로 내려가 바다로 지는 모습을 볼 수 있기 때문이었다. 학자들은 분노했고 과학자들은 말도 안되는 생각이라며 거부했다. 하지만 증거를 제시하자 모두의 마음속에 이 생각에 대한 확신이 생기게 되었다.

02

우리는 벨이 "소리를 내는 물건"이라고 말한다. 하지만 벨이 할 수 있는 일이라고는 공기 중에 진동을 일으키는 것뿐이라는 사실을 알고 있다. 초당 16회의 속도로 진동이 오면 귀에 소리가 들리게 된다. 우리는 초당 38,000회의 속도까지 진동을 들을 수 있다. 이 이상으로 횟수가 초과하면, 다시 정적이 된다. 그러므로 우리는 소리가 벨 안에 있는 것이 아니라 우리 마음속에 있음을 알게 된다.

03

우리는 태양이 "빛을 내뿜는"다고 이야기하고 또 그렇게 생각하기도 한다. 하지만 태양은 에너지를 분출해서 초당 400조의 속도로 대기 중에 진동을 생성함으로써 우리가 광파light waves라고 부르는 것을 형성하는 것뿐이다. 따라서 우리가 빛이라고 부르는 것은 에너지의 한 형태에 지나지 않으며, 빛은 파장의 움직임에 의해 마음속에 일어난 감각일 뿐이다. 진동수가 증가하게 되면 빛은 색상이 변하게 되는데, 각각의 색상 변화는 진동이 더 짧아지고 빨라질 때 일어나게 된다. 그러므로, 우리가 장미는 빨갛고, 잔디는 초록색이며, 하늘은 파랑다고 이야기하지만, 실은 이 색상들은 우리 마음속에만 존재하는 것일 뿐이며, 광파 진동의 결과로 우리가 경험하는 감각이다. 이 진동이 초당 400조 이하로 줄어들게 되면, 더는 빛으로 보이지 않고 열로 느껴지게 된다. 따라서 사물의 실체에 대해서 우리는 감각이 주는 정보에 의지할 수 없음의 분명하다. 만일 감각에만 의존했다면, 우리는 태양이 움직이고 있으며, 세상은 둥글지 않고 평평하고, 별은 거대한 항성이 아니라 작은 빛 조각들이라고 믿었을 것이다.

04

그렇다면 모든 형이상학 체계의 이론과 실제는 우리 자신과 우리가 살고 있는 세계에 대한 진실을 아는 것으로 범위가 좁혀진다. 조화를 이루기 위해서는 조화를 생각해야 하고, 건강해지려면 건강을 생각해야 하고, 풍요를 이루기 위해서는 풍요를 생각해야 한다는 사실을 알아야 한다. 이를 위해서는 감각이 증거하는 바를 뒤집어야 한다.

05

모든 질병과 부족, 한계가 잘못된 생각의 산물일 뿐임을 알게 될 때, "진리가 너희를 자유롭게 하리라."는 말의 의미를 깨닫게 된다. 산을 옮기는 방법을 알게 될 것이다. 그런데 이 산들이 의심과 두려움, 불신과 다른 낙심하게 하는 생각들로 이루어져 있다면, 모든 깨달음에도 불구하고 그것들은 실체로 느껴질 것이고, 이것들은 옮겨질 뿐 아니라 "바다에 던져져야" 한다.

06

당신이 진정으로 해야 할 일은 이 말이 진리임을 스스로 확신하는 것이다. 그렇게 할 때 아무런 어려움 없이 진리를 생각하게 된다. 그리고 앞서 살펴보았듯이 진리는 생명력을 가지고 스스로를 나타내게 된다.

07

정신적인 방법을 이용해서 질병을 치료하는 사람들은 이 진리를 알고 있으며 자신의 삶과 타인의 삶을 통해서 날마다 이를 드러내고 있다. 그들은 생명과 건강, 풍요가 어디에나 존재하며 모든 공간을 메우고 있음을 안다. 그리고 질병이나 다른 어떤 결핍을 호소하는 사람들은 이 위대한 법칙을 아직 이해하지 못한 사람이라는 것을 알고 있다.

08

모든 조건^{상황}이 생각의 창조물이고 따라서 정신의 산물이기에, 질병과 결핍은 진리를 깨닫지 못하는 사람의 정신적 상태일 뿐이다. 정신적 오류가 제거되면 상태는 개선된다.

09

이 오류를 제거하는 방법은 고요함 속으로 들어가서 진리를 깨닫는 것이다. 모든 정신은 하나로 연결되어 있기에 당신은 이것을 당신을 위해서 혹은 남을 위해서도 할 수 있다. 원하는 상태를 머릿속에 그릴 수 있다면, 이로써 원하는 결과를 쉽고 빠르게 얻을 수 있다. 그렇지 못하다면, 논쟁을 통해서, 즉 당신의 주장이 진리임을 스스로가 수긍하도록 만드는 과정을 통해서 결과를 얻을 수 있다.

10

기억하라. 이는 가장 이해하기 어려우면서도 또한 가장 멋진 말이다. 어떤 어려움이 있든, 그 어려움의 원인이 무엇이든, 누가 영향을 받든, 문제는 당신뿐임을 기억하라. 당신이 할 일은 당신이 이루고자 소망하는 진리에 대해 스스로 확신하는 것뿐이다.

11

이는 현존하는 모든 형이상학 체계와 조화를 이루는 정확히 과학적인 발언이다. 오직 이 방법을 통해서만 지속적인 결과를 얻을 수 있다.

12

심상을 만드는 것이든, 논쟁이든, 자기 암시이든, 모든 형태의 집중은 진리를 깨닫기 위한 도구일 뿐이다.

13

결핍과 한계, 오류를 파괴함으로써 누군가를 돕고 싶을 때 올바른 방법은 돕고 싶은 사람을 생각하는 것이 아니다. 돕고자 하는 마음이면 충분하다. 이 생각으로 인해 당신은 그 사람과 정신적으로 연결되기 때문이다. 그런 다음 마음속에서 결핍, 한계, 질병, 위험, 고난 따위의 생각을 지워 버려라. 당신이 이것에 성공하자마자 결과는 성취될 것이고, 그 사람은 문제들로부터 자유롭게 될 것이다.

14

그러나 생각은 창조력이 있다는 점을 기억하라. 따라서 당신이 부조화스러운 상태에 대해 깊이 생각할 때마다 그런 상태는 겉모습일 뿐이며 실체가 없다는 점을 깨달아야 한다. 영혼만이 실체가 있는 것이며, 절대적으로 완벽한 것임을 깨달아야 한다.

15

모든 생각은 일종의 에너지이고 진동이지만, 진리에 관한 생각이야말로 가장 높은 수준의 진동이다. 따라서 진리는 모든 종류의 거짓을 파괴한다. 마치 빛이 어둠을 파괴하듯이 말이다. 진리가 나타나면 어떤 거짓도 존재할 수 없다. 따라서 당신의 마음을 진리를 이해하는 데 쏟아야 한다. 이로써 모든 결핍, 한계, 모든 질병을 극복할 수 있게 된다.

16

우리는 외부 세계로부터 진리를 배울 수 없다. 외부 세계는 상대적일 뿐이기 때문이다. 진리는 절대적이다. 그러므로 우리는 진리를 내면세계에서 찾아야만 한다.

17

우리의 마음이 진리만을 바라보도록 훈련하면 진실한 상태만을 드러내게 된다. 이렇게 할 수 있는 능력은 우리가 얼마나 발전했는지를 보여주는 척도가 된다.

18

"내[1]"가 완벽하고 완전한 존재라는 것은 절대적인 진리이다. 참된 "나"는 영적인 존재이며, 따라서 완벽할 수밖에 없다. 어떤 결핍이나 한계, 질병도 있을 수 없다. 천재적인 영감은 뇌의 분자운동에서 비롯되는 것이 아니라, 자아, 즉 보편적 정신과 하나인 영적인 "나"로부터 영감을 받게 된다. 모든 영감과 천재성은 이 하나 됨[Unity]을 깨닫는 데서 비롯된다. 그 결과는 광범위하고 앞으로 몇 세대에 걸쳐서 영향을 끼치게 된다. 이는 많은 이들이 따를 길을 표시하는 불기둥이 된다.

19

진리는 논리적 훈련이나 실험, 혹은 관찰의 결과로 얻어지지 않는다. 그것은 고양된 의식에서 나온다. 카이사르[Caesar]의 진리는 그의 태도와 삶과 행동에서 드러난다. 그가 사회의 형태와 발전에 미친 영향에서도 드러난다. 당신의 삶과 행동, 세상에 미치는 영향력은 당신이 진리를 얼마나 인식할 수 있느냐에 달려있다. 진리는 신앙이 아닌 행위에서 드러나기 때문이다.

20

진리는 성격에서 드러난다. 어떤 사람의 성격은 그의 종교, 혹은 그가 진리라고 믿는 것에 대한 그의 해석이고, 이는 다시 그가 소유한 것들의 특성에서 보인다. 누군가가 자신의 운명의 흐름에 대해 불평한다면, 이는 그가 명백하고 부인할 수 없는 타당한 진리를 부인하는 그것만큼이나 부당한 일이다.

21

우리의 환경과 셀 수 없이 많은 삶의 상황과 사건들은 이미 잠재의식 속 인격에 존재하고 있으며, 이 인격은 자신의 본성에 맞는 정신적, 신체적 재료들을 끌어당긴다. 따라서 미래는 현재에 의해 결정되고, 우리 삶에 부당한 점이 있는 듯 보인다면 그 원인을 내면에서 찾아야 한다. 겉으로 드러나는 상황을 일으킨 정신적 원인을 찾아야 한다.

22

이 진리가 당신을 자유롭게 한다. 그리고 이 진리를 의식적으로 깨달으면 모든 어려움을 극복할 수 있게 된다.

23

외부 세계에서 맞닥뜨리는 상황들은 언제나 내면세계에서 벌어지는 상황의 결과이다. 따라서 마음속에 완벽한 이상을 간직하면 주변에 이상적인 조건들을 만들어 낼 수 있다는 것은 과학적으로 맞는 말이다.

24

불완전하고 상대적이고 제한적인 여건들만 본다면, 이런 조건들이 삶에 드러날 것이다. 하지만 영적인 자아, 즉 영원히 완벽하고 완전한 "나"를 보고 깨닫도록 정신을 훈련한다면, 조화롭고, 유익하고, 건강한 여건만이 드러나게 될 것이다.

25

생각이 창조적이고, 진리가 사람이 생각할 수 있는 것 중 가장 고귀하고 완벽한 생각이기에, 진리를 생각하면 당연히 진실한 것을 만들어 내게 된다. 또한 진리가 나타나면 거짓은 사라진다는 것 또한 자명한 사실이다.

26

보편적 정신은 존재하는 모든 정신의 총체이다. 영혼에는 지능이 있기에 영혼Spirit은 정신Mind이다. 따라서 두 단어는 동의어이다.

27

정신이 개인적인 것이 아니라는 점을 이해하기가 어려울 것이다. 정신은 무소 부재하다. 어디에나 존재한다. 다시 말해, 정신이 존재하지 않는 곳은 없다. 따라서, 정신은 보편적이다.

28

이제까지 인간은 "하나님God"이라는 단어를 사용해 이 보편적인 창조원리를 표현해 왔다. 그러나 "하나님"이라는 단어는 적절한 의미를 전달하지 못한다. 대부분 사람은 이 단어가 외부적인 존재를 의미한다고 생각하는데, 사실은 정반대이다. 그것은 우리 생명 자체이다. 그것이 없이는 우리는 죽은 거나 다름없다. 소멸할 것이다. 영혼이 육체를 떠나는 순간, 우리는 아무것도 아닌 존재가 된다. 따라서 영혼은 우리의 전부나 다름없다.

29

영혼이 가진 유일한 활동은 생각하는 능력이다. 이렇게 볼 때, 영혼이 창조적이기에 생각도 창조적일 수밖에 없다. 이 창조 능력은 누구에게나 있다. 생각하는 능력은 이 힘을 제어해서 당신과 타인의 이익을 위해서 사용하는 능력이다.

30

이 말이 참이라는 것을 깨닫고, 이해하고, 인정할 때, 마스터키Master-Key를 갖게 될 것이다. 그러나 이를 이해할 정도로 지혜롭고, 증거를 가늠할 정도로 폭넓게 생각하고, 자신의 판단을 따를 정도로 단호하고, 필요한 희생을 견딜 만큼 강인한 사람만이 문을 열고 들어가 참여할 수 있음을 기억해라.

31

이번 장에서는, 우리가 살고 있는 세상이 얼마나 멋진 세상인지, 당신이 멋진 존재이며, 많은 이들이 진리를 깨닫고 있음을 깨닫도록 해라. 그리고 그들이 깨어서 "그들을 위하여 준비된 모든 것"을 알게 되는 순간, 그들 또한 "눈으로도 보지 못하고, 귀로도 듣지 못하고, 사람의 마음으로도 생각지 못하는" 놀라운 것들이 약속의 땅에 도달한 이들을 위해 준비되어 있음을 깨닫게 될 것이다. 그들은 심판의 강을 건넜고, 진실과 거짓을 구분할 수 있는 지점에 도달했다. 그리고 그들이 꿈꾸고 바랐던 모든 것들이 찬란한 현실의 희미하고 작은 생각에 지나지 않았음을 발견하게 될 것이다.

질문과 대답

▸ 모든 형이상학 체계의 이론과 실제는 무엇에 달려있는가?

자신과 주변 세계에 대한 "진리"를 아는 것.

▸ 자신에 대한 "진리"란 무엇인가?

참된 "나" 혹은 자아는 영적이며 따라서 완벽하지 않을 수 없다는 점.

▸ 모든 오류를 없애는 방법은 무엇인가?

나타나길 바라는 여건에 관한 "진리"에 대한 절대적 확신을 하는 것

▸ 다른 이를 대신해서도 이렇게 해줄 수 있는가?

우리가 그 안에서 "우리가 살고 움직이고 존재하는" 보편적 정신은 하나이고 분리될 수 없다. 따라서 우리 자신뿐 아니라 다른 이들도 도울 수 있다.

▸ 보편적 정신이란 무엇인가?

모든 정신의 총체^합

▸ 보편적 정신은 어디에 존재하는가?

보편적 정신은 무소 부재하다. 모든 곳에 존재하며, 없는 곳이 없다. 따라서 우리 내면에 있다. 그것은 "내면세계"이다. 우리의 영혼이며 생명이다.

▸ 보편적 정신의 속성은 무엇인가?

그것은 영적이며 따라서 창조적이다. 그것은 외형으로 드러나고자 한다.

▸ 우리는 어떻게 보편적 정신에 영향을 줄 수 있는가?

생각하는 능력을 통해 보편적 정신에 영향을 주고 우리와 타인의 이익을 위해 보편적 정신이 실체로 드러나게 할 수 있다.

▸ 생각이란 무엇을 의미하는가?

분명한 목표를 염두에 둔, 명확하고 결단력 있고 차분하고 신중하고 일관된 생각이다.

▸ 그 결과는 무엇인가?

"일을 하는 것은 내가 아니요. 내 안에 거하는 '아버지'시니라"고 말할 수 있게 될 것이다. 이때 "아버지Father"는 보편적 정신이고 그가 진실로 당신 안에 거하는 것을 알게 될 것이다. 다시 말해, 성경에 나오는 놀라운 약속들이 허구가 아닌 사실이며, 충분히 이해한 사람이면 누구나 이를 증명해 보일 수 있다는 사실을 알게 될 것이다.

성전에는 신상들이 있고, 그들은 인류에게 크나큰 영향을 미쳤다.
하지만 사실, 사람은 마음속에 있는 생각과 이미지라는 눈에 보이지 않는 힘으로
끊임없이 지배를 받는다. 모든 사람은 이 힘에 기꺼이 복종한다.

조나단 에드워즈